Philipp Spiller

**Gott im Lichte der Naturwissenschaften**

Philipp Spiller

**Gott im Lichte der Naturwissenschaften**

ISBN/EAN: 9783743462274

Hergestellt in Europa, USA, Kanada, Australien, Japan

Cover: Foto ©berggeist007 / pixelio.de

Philipp Spiller

**Gott im Lichte der Naturwissenschaften**

# GOTT

## im Lichte der Naturwissenschaften.

### Studien

über

## Gott, Welt, Unsterblichkeit

von

## Philipp Spiller.

BERLIN, 1873.

Denicke's Verlag

Link & Reinke.

# Vorwort.

Da sitzt sie nun, die trauernde Gestalt, am Grabe
ihres Gatten! Daneben liegen die irdischen Reste ihres
lieben Kindes. Ihre Gedanken stehen still, sie ist ihrer
selbst sich nicht bewusst; sie fühlt nur, nur ein Hoffnungs-
strahl beseelt sie, nur ein Trost belebt ihr mattes Auge:
das Wiedersehen in jener Welt! — Es gibt einen
Gott, ein Wesen, welches die ganze Welt regiert und die
Liebe in die Natur gepflanzt hat. — Die Natur streift
ihr Winterkleid ab und alles erstarrt gewesene Gewürm
steigt empor aus der Muttererde zu neuem Leben, zu
neuer Fröhlichkeit. Und der Mensch, das vorzüglichste
aller irdischen Wesen, sollte mit dem irdischen Tode aufhören überhaupt zu sein? Das ist nicht möglich! Selbst
die rohen Höhlenbewohner der Urzeit legten in die Grabstätten ihrer Todten Steingeräthe, Waffen, Lebensmittel,
damit sie beim dereinstigen Erwachen mit den nothwen-
digsten Bedürfnissen sogleich versorgt seien. — Die Seele,
der Geist, dieses unfassbare Etwas, welches im Leben oft
so gewaltig aufbaute, so gewaltig zerstörte, völkerbe-
glückend, völkervernichtend auftrat, das sollte mit dem
Verlassen des Körpers aufhören zu sein? Das ist nicht
denkbar! — Es gibt ein unfassbares Wesen über uns,

welches die Welt regiert und welches auch ein Maas hat
für unser Thun und Lassen in „jener Welt".

Gott, Welt, künftiges Leben! Das sind die höchsten
Begriffe, welche unseren Geist beschäftigen können. Niemals aber hat unter der Menschheit über sie eine Uebereinstimmung, am wenigsten Klarheit, stattgefunden; sie
haben vielmehr zu den bittersten Kämpfen die Veranlassung gegeben und üben noch heute einen zersetzenden
Einfluss aus; und doch kann es nur e i n e Wahrheit von
ihnen geben. Diese aufzufinden, dazu soll die vorliegende
Schrift einen Beitrag liefern.

Mich hat das Thema von der Einheit der Kräfte
schon längst, und zwar zunächst in reinphysikalischer
Hinsicht beschäftigt. Bereits 1855 suchte ich in einer
kleinen Schrift: „gemeinschaftliche Principien für die Erscheinungen des Schalles, des Lichtes, der Wärme, des
Magnetismus und der Elektrizität" auf eine Einheit hin-
zuweisen.

1858 gab ich in der Schrift „das Phantom der Im-
ponderabilien in der Physik" dem Einheitsgedanken eine
festere theoretische Gestalt, die dann in einem Werkchen
vom Jahre 1861: „Neue Theorie der Elektrizität und des
Magnetismus, in ihren Beziehungen auf Schall, Licht und
Wärme" ihre weitere experimentelle Begründung fand.

1868 erweiterte ich in der Brochüre: „die Einheit der
Naturkraft" den Gesichtskreis auf das Weltganze, und
noch mehr geschah dieses 1870 in dem vierten Theile des
grösseren Werkes: „Entstehung der Welt und die Einheit
der Naturkräfte. Populäre Kosmogenie."

Inzwischen war 1869 die erste Auflage der „Philosophie des Unbewussten" von v. Hartmann erschienen,
einer Schrift, welche wol mit seltener Klarheit und logischer

Schärfe den Weltprozess und namentlich alle das Seelenleben betreffenden Fragen auf einer möglichst naturwissenschaftlichen Grundlage zu behandeln sucht, schliesslich
aber bei jeder Gelegenheit mit dem begriffslosen „Unbewussten" uns abfertigt. Ich meine indess, dass wir uns
nicht so ohneweiteres gefangen geben dürfen, sondern dem
Wesen des Unbewussten nachspüren müssen.

Abgesehen davon, dass v. Hartmann u. a. auch von
einer Vorsehung spricht (S. 522 1. Aufl.), deren Wesen
und Wirken dunkel bleibt, dass er nicht selten wider-
spruchsvolle Ansichten über die Funktionen des Stoffes
aufstellt und in psychologischer Beziehung zu einem
zwar geistvoll entwickelten, aber unhaltbaren Pessimismus
gelangt, gestehe ich doch gern, dass mir seine vielen werth-
vollen Untersuchungen die Veranlassung zur Herausgabe
dieser Schrift boten, denn sein „Unbewusstes" tritt zwar
einerseits mit überwältigender Macht auf, erscheint mir
aber andererseits als Ergebniss einer Forschung, welche
fassbare Erscheinungen aus fassbaren Ursachen ableiten
will, als das Geständniss der völligen Unwissenheit inbetreff der weltbelebenden und weltbeherrschenden Kraft,
mit deren Ermittelung das ganze Buch zu thun hat, doch
ungenügend. Aber der Baum unserer Erkenntniss muss
organisch heraufwachsen zu immer lichteren Höhen.

Es ist nun in dieser Schrift mein Bestreben, das „Unbewusste" uns zum klaren Bewusstsein zu bringen und
überhaupt den ganzen Weltprozess mit seinen materiellen
und psychischen Wandlungen auf eine einheitlich wirkende Naturkraft zurückzuführen. Nicht nur die von
v. Hartmann so scharfsinnig aufgefundenen Ergebnisse,
sondern auch alle übrigen von ihm nicht erwähnten Weltprozesse werden sich der Kraft unserer Weltseele, die das

bisher Unbewusste ist, willig fügen und durch sie ihre Erklärung finden.

Bei dieser Gelegenheit muss ich noch einer vortrefflichen Schrift von Carl Puschl, Kapitular des Benediktiner-Stiftes Seitenstetten: „das Strahlungsvermögen der Atome, als Grund der physikalischen und chemischen Eigenschaften der Körper, Wien 1869" gedenken, welche es wahrlich nicht verdient, todtgeschwiegen zu werden. Sie hat für mich insofern noch ein ganz besonderes Interesse, als sie in einer tiefwissenschaftlich-mathematischen Weise, verschieden von der von mir bisher eingeschlagenen, fast ausschliesslich auf Versuche aus der Physik und Chemie sich gründenden Methode, inbetreff der Funktionen des Weltäthers zu wesentlich übereinstimmenden Ergebnissen gelangt ist.

Meine Schrift geht übrigens, wie es auch der Titel angibt, weit über das Ziel bisheriger Bestrebungen hinaus und ich habe schon desshalb Ursache, sie dem gerechten Wohlwollen des Lesers zu empfehlen. Sie wird aber Ideen, in welche der grösste Theil der Menschheit durch Jahrtausende sich eingewiegt hat, nicht blos zerstören, sondern sie wird auch aufbauen, und zwar auf einem unzerstörbaren Grunde, nämlich auf dem der ewigen Naturwahrheiten.

BERLIN im September 1872.

**Philipp Spiller.**

# Einleitung.

Die *Civilta catolica*, e'
herausgegebenes Jesu... ...n unter päpstlicher Genchmigung
„Was die Ir.. ...ablatt, schrieb am 7. November 1869 u. a.:
*bona fide* ...gläubigen betrifft, so geniessen sie, wenn sie
(im guten Glauben) sind, dasselbe Recht wie Geistes-
kranke., denen das, was sie in diesem Zustande thun, nicht
angerechnet wird." So urtheilen aber nicht blos die Jesuiten,
sondern die eifrigen Bekenner eines jeden Glaubens über die
...es and'eren. Das ist der Fluch einer einseitigen Glaubens-
dressur in den Hunderten von Religionssekten, von welchen
jede im Alleinbesitze des Schlüssels zur ewigen Seeligkeit zu
sein wähnt.

Die einer gesunden Entwickelung der Menschheit sich so
feindlich zeigende Zerrissenheit beruht theils auf der über-
grossen Anzahl oft ganz wahnwitziger Glaubensbekenntnisse,
theils auf einem künstlich erzeugten Nationalitätenschwindel,
welcher mit den religiösen Bekenntnissen mehr oder weniger
zusammenhängt. Es ist traurig, dass man vergisst Mensch
zu sein.

Der Ausgangspunkt aller dieser Jahrtausende währenden,
oft mit der grössten Erbitterung geführten Kämpfe ist einerseits der vollkommen berechtigte Gefühlsdrang nach der Erkenntniss des übersinnlichen höchsten weltregierenden Wesens
und seines Verhältnisses zur sichtbaren Welt und namentlich

1

zum Menschen, andererseits der vom Familienleben ausgehende
Wunsch eines einheitlichen und einflussreichen, ja massgebenden Zusammenhanges aller derer, welche die gleiche Sprache
ihrer Mütter sprechen.

Abgesehen davon, dass jedes Volk je nach seinem Ent-
wickelungsgrade nicht nur ein höheres Wesen sich vorstellte,
sondern auch, um der Vorstellung zuhilfe zu kommen, irgend
etwas Sinnliches dafür annahm oder ein Symbol sich machte;
so haben doch auch die hervorragenden Männer aller Völker
dem Drange nach der Erkenntniss des einen und einheitlichen, die ganze Natur beherrschenden Wesens irgend einen
mehr reingeistigen Ausdruck zu geben versucht. Es leuchtet
aus allen ihren Bestrebungen ein, ich möchte fast sagen, qual-
voller Geisteskampf hervor, um für den im Bewusstsein noch
nicht klar entwickelten Begriff einen entsprechenden Ausdruck
zu finden. Ein Hauptgedanke aber ist es, welcher aus allen
Forschungen deutlich hervortritt: es gibt ein Wesen, welches
hervorbringt (Schöpfer), es gibt ferner Hervorgebrachtes (die
sichtbare Schöpfung). Dazu kommt aber noch ein dritter
Punkt, welcher in dem Wesen der Seele und des Geistes im
Menschen auftritt.

Je mehr die Zerfahrenheit in den Ansichten jeden wahren
Menschenfreund nicht blos betrübt, sondern auch anwidert,
desto mehr werden wir erfreut, wenn wir das reingeistige
Ringen und Kämpfen der grössten Denker betrachten, welchen
unter dem Gewirr der Meinungen das Auffinden der absoluten Wahrheit die Lebensaufgabe ist. Es muss aber mehr
und mehr dahin kommen, dass auch die überwiegende Menge
der Menschen zu einer Weltanschauung gelangt, welche bis
jetzt sich nur erst einem sehr kleinen Theile der Gebildeten
erschlossen hat. Je mehr die Menschheit vorschreitet in der
Entwickelung der reinen Vernunft, desto mehr werden einer-

seits die kirchlichen Illusionen, die heute noch einen so über-
aus grossen Theil der Menschheit beherrschen, verloren gehen
und andererseits die grosse Schaar solcher, denen die höchsten
Bestrebungen des Menschengeistes gleichgiltig sind, sich mehr
und mehr verkleinern. Man wird später staunen über die
Geistesbarbarei, unter welcher die Massen verkümmerten.

Da Sein und Denken in der ganzen Menschheit ihrem
Wesen nach dieselben und untrennbar sind, so müssen die
Ergebnisse des Denkens schliesslich an demselben Ziele
anlangen. Aber wenn auch alle Völker das Ringen nach
diesem Ziele zeigen, so sind doch selbst alle grossen Geister
unter ihnen auf der Rennbahn des Lebens nur bei gewissen
Haltepunkten angelangt, um die weitere Reise späteren Ge-
schlechtern zu überlassen. Weil nun die Gleichartigkeit des
reinen Denkens und weil ferner die Aussenwelt als die Grundlage alles Erkennens für Alle dieselbe ist; so ist hiermit die
Hoffnung für eine allgemeine Erkenntniss der absoluten
Wahrheit gegeben. Weil ferner die Naturwissenschaften
einen für alle Menschen zugänglichen Stoff darbieten und weil
ihre Ergebnisse zu bestimmten, absolut richtigen Gesetzen
führen; so werden grade sie an der Erreichung jenes grossen
Zieles den bedeutendsten Antheil haben.

Die folgenden Betrachtungen mit ihrer naturwissenschaftlichen Grundlage machen nun den Versuch die Einheitsgedanken für den ganzen Weltprozess in einer hoffentlich ganz
durchsichtigen und unzweideutigen Weise zu entwickeln, um
dadurch dem widerwärtigen Hader inbetreff der höchsten
Interessen der Menschheit die Ader unterbinden zu helfen.

# Stoff, Kraft, Seele.

Es steht geschrieben: „im Anfang war das Wort!"
Es sollte stehen: im Anfang war die Kraft!
Göthe's Faust.

Es gibt eine bedeutende Anzahl von Menschen mit einem
gewissen Bildungsgrade, deren Gehirn zufolge der Erziehung
und natürlichen Vererbung so stereotyp geworden ist, dass sie
instinktmässig schon bei der Zusammenstellung der Worte
„Stoff und Kraft" in eine gewisse fieberhafte Aufregung und
in die Besorgniss gerathen, die Welt könne aus ihren Fugen
gehen, wenn sie durch das gottvergessene Gebahren der Naturforscher sich anstecken lasse. Wir bitten aber diese angstvollen
Menschenfreunde dringend mit uns, wenn es ihnen auch eine
gewisse Selbstüberwindung kosten sollte, einmal einen naturwissenschaftlichen Kompromiss einzugehen, uns auf unseren
ganz harmlosen Bahnen einmal zu folgen, und hoffen dann zu-
versichtlich, dass das durch ein blosses Vorurtheil genährte
Misstrauen völlig schwinden wird. Die vorliegenden, für die
geistige Entwickelung des Menschengeschlechtes so hochwichtigen Fragen lassen sich nicht etwa mit einigen ab-
sprechenden Phrasen, mit denen man so gern beiderhand ist,
abthun, sondern müssen eingehend und ernst behandelt werden,
um den ewigen Zankapfel zwischen Verstandes- und Glaubens-
menschen, wenn möglich, aus der Welt zu schaffen.

So viel ist gewiss, dass die Kraft als solche ebensowenig als die Seele und der Geist, etwas Handgreifliches sind. Wenn ich ein Pferd anfasse, so greife ich nicht seine Körperkraft an und erkenne sie auch nicht aus dem blossen Anblicke des Pferdes während seines Ruhezustandes. Erst aus dem Erfolge der in Thätigkeit gesetzten Kraft kann ich einen Rückschluss machen auf das Mass ihrer Grösse; also z. B. wenn ich weiss, dass das Pferd imstande ist, in jeder Sekunde 500 Pfunde 1 Fuss hoch zu heben (etwa mittelst eines um eine Rolle geschlungenen Strickes). Obwohl diese Leistung für den ersten Augenblick nicht gross zu sein scheint, so kann es mit dieser Kraft doch nicht anhaltend arbeiten, sondern es muss nach 2 Arbeitsstunden 4 Stunden ruhen und kann daher täglich nur 8 Stunden arbeiten, so dass man für einen ganzen Tag zu der obigen Leistung 3 Pferde (oder 18 Menschen) zum Abwechseln bedarf.

Aber nicht blos das Ausruhen ist eine Quelle für eine neue Kraftäusserung, sondern die eigentlichen und ursprünglichen Quellen sind die genossenen Nahrungsmittel: atmosphärische Luft, Wasser, Heu, Hafer u. a.

Welches aber ist hier der Zusammenhang zwischen diesen todten Stoffen und den lebendigen, d. h. eine Arbeit bewirkenden Kräften?

Die genossenen Nahrungsmittel sind zusammengesetzte Stoffe, d. h. sie bestehen aus zwei oder mehren einfachen oder Elementarstoffen: das Wasser z. B. aus den beiden Luftarten Sauerstoff und Wasserstoff, die atmosphärische Luft aus Stickstoff und Sauerstoff. Nach ihrem Genusse erleiden sie im Körper eine Zersetzung und Verwandlung: Die Elemente des einen Stoffes begeben sich zu Elementen eines anderen und erzeugen so neue Stoffe, welche theils die Bestandtheile des thierischen Körpers bilden, theils als unbrauchbar ausge-

schieden werden. Alle aber haben dazu beigetragen das Thier
zu befähigen, den ausserhalb seines Körpers befindlichen
Massen eine Bewegung zu ertheilen. Es findet hierbei eine
zweifache Uebertragung von Bewegungen statt. Die
bei der Verdauung eintretende Atombewegung wird übergetragen zunächst auf die Muskeln des Thieres, welche dadurch in einen gewissen Spannungszustand versetzt und ein
Magazin werden für die so in Fesseln gelegten ausserordentlich
kleinen Kräfte, welche die Atome bei ihrer Bewegung be-
sassen. Weil die Anzahl dieser Kräfte ungemein gross ist,
wird auch die in den Muskeln angesammelte Summe gross
sein. Wie wenig man es einer geladenen elektrischen Flasche
ansehen kann, dass in ihr eine erst bei der Entladung in die
Erscheinung tretende oft sehr bedeutende Kraft verborgen ist,
ebenso wenig verrathen die Muskeln den Vorrath von ange-
sammelter Kraft. Wie bei einem angespannten Bogen oder
einem zu Explosionen geneigten Körper bedarf es auch hier
nur einer geringen Anregung, um die ruhende Spannkraft der
Muskeln zur Geltung zu bringen.

Die zweite Uebertragung findet statt, wenn das Thier aus
freiem oder fremdem Antriebe einen ausserhalb seines Körpers befindlichen Gegenstand eine Bewegung mittheilt. Dieser
freie oder erzwungene Wille wird aber durch die Nerven vermittelt; sie überbringen gewissermassen als Telegraphendräthe
die Befehle, aber ebenso wenig augenblicklich, wie die Kupfer-
dräthe beim gewöhnlichen Telegraphiren, da die elektrische
Bewegung zu 62000 Meilen mindestens 1 Sekunde gebraucht.
Inbetreff des Lichtes vergeht, wie aus astronomischen Beobachtungen mit Bestimmtheit hervorgeht, bei manchen Menschen zwischen dem sinnlichen Eindrucke und dem Bewusst-
werden desselben fast $\frac{1}{4}$ Sekunde und beim Rückwärtstele-
graphiren durch die Nerven ist es ebenso.

Abgesehen von den unmittelbaren thatsächlichen elektrischen Beziehungen zwischen den Nerven und Muskeln zu einander ist ein Versuch höchst interessant, welcher zeigt, wie die Bewegung der telegraphischen Nerven vermittelst der Muskeln übergetragen werden kann sogar auf Telegraphen-Kupferdräthe, und wie dadurch nach unserem Willen eine meilenweit entfernte Magnetnadel abgelenkt wird.

Es ist nämlich um eine Magnetnadel, welche in ihrer natürlichen Ruhelage schwebt, ein mit Seide übersponnener Kupferdrath wiederholt von Norden nach Süden gewunden, die Enden desselben sind verbunden mit zwei gleichartigen Metallplatten, welche sich in einem selbst weit entfernten Gefässe mit angesäuertem Wasser befinden. Hält man nun z. B. die beiden Zeigefinger gleichzeitig und grade gestreckt in das Wasser, so bleibt die Magnetnadel in Ruhe; krümmt man aber mit Muskelanstrengung den einen Finger, so macht die Nadel augenblicklich eine Seitenbewegung und zwar für die Finger der verschiedenen Hände nach verschiedenen Seiten.

Hierbei ist also in wirklich wunderbarer Weise die Nervenbewegung von unserem Körper aus auf eine entfernte Magnetnadel übergetragen worden durch die Muskeln, durch Wasser, Metallplatten, Kupferdrath und Luft. (Eigentlich, wie wir erkennen werden, schliesslich durch den Weltäther.)

Die Ruhepausen für unser Pferd, zu welchem wir zurückkehren, sind erforderlich, damit sich, durch fortgesetzten Stoffwechsel der in seinem Körper noch vorhandenen Nahrungsmittel, in den Muskeln neue Kräfte ansammeln. Würden ihm die Nahrungsstoffe aber überhaupt vorenthalten, so würde es zwar nicht sogleich alle Kraft verlieren, denn es findet mit den Stoffen des eigenen Körpers noch eine mässig fortgesetzte Umwandlung statt, aber der Körper und somit seine Kraft schwindet mehr und mehr. — Unterbleibt bei einem Thiere die Bewegung, wie wenn es einen Winterschlaf hält, so ist auch der Stoffwechsel in seinem Körper ein sehr träger und es kann lange, ohne Nahrungsmittel zu geniessen, wie man sagt, von seinem eigenen Fette zehren.

Wir wollen nur noch ein zweites Beispiel einer Uebertragung von Kräften anführen. Sehen wir uns nämlich das Eisenbahnpferd, die Lokomotive, an! Was ist sein Futter? Es sind atmosphärische Luft und Wasser, wie beim Thiere, aber statt des Heues und Hafers wird es mit einem Brennmateriale gespeiset. — Die erste Quelle ist auch hier eine Atombewegung und auch hier finden Uebertragungen von Kräften statt.

Beim Verbrennen verbinden sich nämlich die Atome des Sauerstoffes der Luft mit den Atomen des Kohlenstoffes des Brennmateriales unter den heftigsten Bewegungen innerhalb der Gränzen der Flamme; diese Bewegungen werden übergetragen auf das Metall des Dampfkessels oder Röhrenapparates, theilen sich unmittelbar dem darin befindlichen Wasser mit, wodurch dieses ohne Aenderung seiner Bestandtheile in Dampf verwandelt wird; die in ihm liegende Kraft, welche wesentlich in den Schwingungen seiner Bestandtheile beruht und sich in dem Bestreben der Raumerweiterung äussert, lässt man nun abwechselnd auf die beiden Seiten des Kolbens im Betriebszylinder wirken, wodurch die an ihm befindliche Stange eine hin- und hergehende Bewegung erhält. Diese gradlinige Bewegung wird durch einen Krummzapfen (Excentric) in eine drehende der Triebräder an der Lokomotive umgeändert. Die Lokomotive wird durch die Reibung ihrer und des daran befestigten Tenders Räder an den Eisenbahnschienen endlich befähigt, einen ganzen Wagenzug fortzubewegen, also eine Massenbewegung zu bewirken.

Auch hier haben wir eine Uebertragung der ebenfalls von Atomen ausgehenden Kraft von Stoff zu Stoff, von Körper zu Körper, bis zur Bewegung grosser Massen verfolgen können. Wenn das Lokomotivpferd gesund, d. h. wenn alle Maschienentheile in Ordnung sind, so bedarf es keiner Ruhe, sondern nur einer regelmässigen Speisung mit Futter.

In den beiden angeführten Fällen für die Aeusserung von Kräften lässt sich mit Leichtigkeit Dreierlei erkennen: nämlich dass die ursprüngliche Quelle für eine Kraft in einem Stoffe liegt, dass eine Kraft überhaupt sich nur durch einen Stoff äussern kann und dass die Fortführung oder Uebertragung einer Kraftäusserung ebenfalls nur durch Stoffe geschieht.

Wenn wir nun hierbei auch die Uebertragung der Kräfte von Körper zu Körper und die Umwandlung der Bewegungsarten zufolge der Gestalt der Körpertheile und ihres rechtzeitigen Ineinandergreifens leicht erkennen, so bleibt für alle diese Erscheinungen doch der eigentliche Ausgangspunkt, nähmlich der für die Atombewegung nothwendige Antrieb, vorläufig noch dunkel. Worin haben wir die Kraft zu suchen, welche die Atome theils zu-, theils von einander führt?

Für das erste der beiden Beispiele bleibt aber auch eine andere Frage vorläufig noch offen: nämlich in welchem natürlichen Zusammenhange steht bei thierisch-organischen Wesen der scheinbar freie oder erzwungene Wille mit den durch die Stoffe bewirkten Leistungen? Ich konnte ja durch meinen Willen die Magnetnadel ablenken ohne sie zu berühren; ich kann, wenn ich gesund bin, durch meinen Willen meinen Körper zu einer gewissen Bewegung oder zu einer gewissen Leistung veranlassen.

Die Beantwortung beider Fragen gehört zu den wesentlichen Zwecken dieser Schrift.

Wollen wir zu einem allseitig befriedigenden Ergebnisse für unsere Aufgaben gelangen, so dürfen die Wege der Philosophen und Naturforscher sich nicht mehr trennen. Es hat sich die Einsicht von der Nothwendigkeit dieser Forderung in der neueren Zeit zwar Bahn gebrochen, aber es walten über die wichtigsten Grundbegriffe noch die widersprechendsten Vorstellungen:

> und es wallet und siedet und brauset und zischt
> wie wenn Wasser mit Feuer sich menget.

Sowohl die Philosophen, auch wenn sie nicht blos rein metaphysischen Forschungen sich hingeben, als auch die Naturforscher, wenn sie das rein experimentelle Gebiet aufgaben, haben vielfach gefehlt. Namentlich gilt dieses inbetreff der für unsere Untersuchungen massgebenden Begriffe von Stoff, Kraft, Seele und von ihrem Verhältnisse zu einander.

Hier muss ich nun zunächst ganz offen gestehen, dass ich es in meiner transcendenten Anschauung der Natur noch nicht so weit gebracht habe, das Vorhandensein des Stoffes blos als eine durch unsere Sinne bewirkte Täuschung ansehen zu können. v. Hartmann sagt in seiner Philosophie des Unbewussten u. a. (cap. VII): „der Stoff ist eine Chimäre.“*) Er spricht von einer „Wesengleichheit von Geist und Materie.“

---

*) Als ich bei meiner ersten Anwesenheit in „Spree-Athen“ einen Prof. der Physik besuchte und wir über das Verhältniss von Stoff und Kraft sprachen, sagte er: „Wir (*dii majorum gentium*) kennen keinen Stoff.“ Ob dieser hohen Weisheit wurde mir Armen, der ich nur mit dem Wasser eines kleinen böhmischen Gebirgsbaches getauft bin, ganz schwach um den Kopf; ich trank dann zur Stärkung ein Glas Wein und war keinen Augenblick zweifelhaft, dass ich einen Stoff getrunken hatte.

Das ist doch, wenn wir unter Materie die Bestandtheile der sichtbaren Körperwelt verstehen, der ärgste Materialismus, welcher mitrecht einer Verketzerung durch die finstere Orthodoxie preisgegeben ist. Einen solchen Fehler konnte ein übrigens so klarer Kopf nur machen, weil ihm sein „Unbewustes" noch nicht zu klarem Bewusstsein gelangt ist. Es wird uns hoffentlich gelingen sein physisch-psychisches Wesen näher anzugeben und so ihm die naturwissenschaftliche Berechtigung zu verschaffen. Es ist gewiss ein philosophischer Spleen anzunehmen, dass die ganze Vielheit der Körper in der Welt erst durch das thierische Bewusstsein und in dessen Anschauung eine Existenz erhalten soll, und dass, wie Schopenhauer sagt, der organische Leib auch ein blosser subjektiver Schein sei. Man erstaunt, bis zu welchen Verirrungen das abstrakte Denken sonst gediegene Philosophen führen kann.

Die Naturphilosophen sagen weiter: „Stoff, als solcher ist nicht vorhanden; was wir Stoff nennen, ist weiter nichts als Kraft."

Das ist ebenso wahr als falsch. Wahr! denn wenn ich ein Stück Fleisch esse, so esse ich Kraft; wenn ich Wasser trinke, so trinke ich Kraft; wenn ich atmosphärische Luft athme, so athme ich Kraft. Falsch! denn die Kraft als solche ist sinnlich nicht wahrnehmbar, wie das Fleisch, das Wasser, die Luft; sondern sie ist etwas Abstraktes oder nur mit der Denkkraft zu Begreifendes. Diesen Grundunterschied darf philosophische Spitzfindigkeit nicht so verwischen und meinen, wollen, dass die Körperstoffe einerseits als eine blosse Sinnestäuschung verduften und andererseits als ursprüngliche und selbständige Kraftinhaber angesehen werden.

Wenn wir einen Körper als Ganzes in Bewegung sehen so hat es keine Schwierigkeit sich von der Grösse der mit ihm verbundenen Kraft eine Vorstellung zu machen. Rollen z. B. zwei Kugeln auf einer ebenen Diele mit gleicher Geschwindigkeit hin und ist die durch das Gewicht bestimmte Masse der einen das Doppelte von der Masse der anderen, so werden sich die Kräfte, mit denen sie auf einen dritten Körper stossen, wie 1 zu 2 verhalten; wären aber die Massen gleich und verhielten sich die Geschwindigkeiten, welche sie im Augenblicke des Stosses besitzen, wie 1 zu 3, so würden auch die Wirkungen sich ebenso verhalten. Bei doppelter Masse und dreifacher Geschwindigkeit würde also der Erfolg das zweimal Dreifache, oder das Sechsfache sein. Ueberhaupt ist jede Kraft, welche ein Körper bei seiner Bewegung besitzt, das Produkt aus seiner Masse und der Geschwindigkeit, welche er in dem Augenblicke seiner Einwirkung auf einen anderen Körper hat. — Wenn also ein Körper mit einer sehr kleinen Masse eine sehr grosse Geschwindigkeit besitzt, so kann in ihm dieselbe oder sogar eine noch grössere Kraft enthalten sein, als in einem sehr massenreichen Körper mit einer kleinen Geschwindigkeit. Wir wissen ja z. B., welche ungeheure Gewalt in den Stürmen liegt, obwohl die Luft ein recht zarter Stoff ist und wie andererseits ein grosser, selbst langsam ankommender Eisenbahnzug durch seinen Stoss vernichtende Wirkungen hervorbringt.

Die Vermittelung des Wahren mit dem Falschen oder der Friedensschluss zwischen den Atomisten und Dynamisten liegt darin, dass alle Stoffatome zwar nicht aus sich selbst und durch sich selbst als Kraftmittelpunkte angesehen werden dürfen, dass sie aber als willenlose Vermittler und Träger einer Kraft, die ausser ihnen ist, zufolge einer Uebertragung auf sie Kraftäusserungen zeigen. Der atomistische Dynamismus hat also nur insofern Berechtigung als die Kraft der Atome, wenn auch keine ursprüngliche, ihnen selbst ange-

hörige und einwohnende, so doch eine ihnen durch Uebertragung vonaussen angehörige ist. Der Körperstoff an
sich mit allen seinen Atomen ist kraftlos und todt, er ist an
sich unfähig die Ruhe in Bewegung und die Bewegung in
Ruhe zu verwandeln; er will für sich in dem jedesmaligen
Zustande, in welchem er sich befindet, in Ewigkeit verharren.
Das ist ein durchgreifendes Naturgesetz, das Beharrungs-
gesetz.

Wenn also Spinoza die „unzertrennliche Einheit von
Materie (Stoff) und Kraft“ annimmt und unter Materie die
Stoffe der sichtbaren Körper meint, so irrt er in diesem
Punkte, während wir später den Begriff seiner „Substanz“
naturwissenschaftlich feststellen zu können meinen.

Schelling bekennt sich wesentlich auch zu einer dynamischen Atomistik, d. h. er nimmt die Stoffatome selbst schon
als kraftbegabt an, ist aber zu wenig naturwissenschaftlich
gebildet gewesen, um diesem halbwahren Traume die rechte
Deutung geben zu können, und gelangt gegen sein Lebensende
sogar bei der Dreieinigkeit an, die er auch mit ins Grab
nimmt. Sit ei terra levis!

Ein fernerer Schritt des, ich möchte sagen, rohen Materialismus ist der, dass man (Diderot) sagt: „der Stoff denkt.“ Wenn
aber der Stoff kraftlos und an sich todt ist, so geht ihm auch
die Fähigkeit zu denken völlig ab. Hierin liegt nun ein
weiterer Kernpunkt für die Streitigkeiten zwischen den Philosophen und Naturforschern, welcher in der bisherigen An-
schauungs- und Kampfesweise unmöglich zum Austrage kommen kann. Man lässt sich durch allerdings höchst bedeutungs-
volle physiologische Versuche bestechen, weil man festgestellt
hat, dass man mit der allmähligen Beseitigung des Gehirns
eines Thieres Stück für Stück, Schritt für Schritt, die Seele
aus dem Körper schneidet. Grade der Umstand, dass der mo-

derne Materialismus das Vorhandensein des Geistes in seiner
weitesten Bedeutung blos in das thierische Hirn verlegt, hat
die Naturwissenschaften bei den Theosophen, noch mehr bei
den Theologen, mitrecht in Misscredit gebracht. Die Naturforscher meinen nicht blos die reinphysischen, sondern auch
die geistigen Erscheinungen auf die in den Körperstoffen
allein vorhandenen Bewegungen zurückführen zu können; die
Philosophen aber glauben für die Seelenthätigkeiten etwas
Ausserphysisches, etwas Metaphysisches, annehmen zu müssen.
Thales von Milet (640 v. Chr.) schrieb sogar die im Bernsteine
und im Magneten auftretenden Erscheinungen einer Seele
zu, als ob der Stoff lebe. Für die Naturforscher fehlt blos
noch die mit naturwissenschaftlichem Materiale aufzubauende
Brücke zwischen Körper und Geist, die Philosophen
aber können für ihre Vorstellungen auf dem bisherigen Wege
zu einer Klarheit niemals gelangen. So liegen jetzt die Streit-
und Differenzpunkte.

Die feste Brücke, über welche man sich aus beiden Lagern
die Hände wird reichen können, besteht, wie ich beweisen
werde, nicht aus den Stoffen, die zum Aufbaue der irdischen
und aller Körper überhaupt gehören, und ist insofern meta-
physischer Natur; aber ihr Material ist auch nicht etwas nur
Gedachtes, absolut Abstraktes oder Reingeistiges, sondern es
ist inderthat etwas Stoffliges, wenn auch kein Körper.
Dieser Stoff spielt eine so unendlich wichtige Rolle, dass ohne ihn
die ganze Erscheinungswelt nicht vorhanden sein würde: er allein
ist die Weltseele und der Traum der Philosophen. Wenn
wir ihn und seine Wirksamkeit recht erkannt haben, werden
wir die ganze Natur mit allen ihren Wundergebilden
in grossartigster Einheit und Einfachheit wie ein
offenes Buch mit deutlicher Schrift vor uns liegen
sehen. Wir werden uns dann nicht mehr zu dem Ausspruche

„der Stoff (im gewöhnlichen Sinne) denkt" verirren, wir werden
es vielmehr als den grössten Fehler des heutigen Materialismus
ansehen, dass er den Geist ausserhalb des thierischen Gehirns
leugnet und die Identität von Geist und Körpermaterie annehmen zu müssen sich für berechtigt hält. Allerdings haben
alle Erscheinungen in der Körperwelt, auch die reingeistigen,
eine physische Grundlage, aber der Geist als solcher, das be-
seelende des Körpers, ist selbst nichts Körperliches oder
Physisches, sondern etwas Metaphysisches nach seiner gewöhnlichen Wortbedeutung, doch auch nicht etwas absolut
Räumlichleeres, sondern etwas Stoffliges.

Man begegnet gegenwärtig einem viel edleren und
reineren Geisteskampfe als früher, wenn auch die letzten
Endziele noch nicht richtig erkannt werden. Der heutige
wissenschaftliche „Materialismus" wird von festen naturwissenschaftlichen Thatsachen getragen, wenn er den einheitlichen
und gesetzmässigen Zusammenhang der natürlichen und
geistigen Welt behauptet und jede aussernatürliche Kraft zur
Regierung der Welt in Abrede stellt. Es ist der edelste
Idealismus, welcher für Menschenwohl, Menschenrecht und
Menschenpflicht tief begeisterte Eiferer erzieht, indem er
schlagend nachweist, dass der Mensch nur durch eigene
Kraft die wahre Sittlichkeit und Würde erlangt. Es ist
nicht die Schuld der Naturforscher, dass die Bornirtheit noch
fortwährend nur an den praktischen Materialismus
denkt. Wenn Naturforscher Kraft und Stoff auch in Verbindung nennen, so ergiebt eine tiefer eindringende Untersuchung doch, dass die Kraft dem Stoffe nicht als uranfäng-
liche Eigenschaft angehört. Büchners berühmtes Werk „Kraft
und Stoff" hat neben vielen geistvollen Anregungen zu solchen
falschen Missdeutungen vielfache Veranlassung gegeben. Die
heutigen naturphilosophischen Forschungen sind gestützt auf

einen überwältigenden Reichthum feststehender Kenntnisse aus allen Zweigen der Naturwissenschaften, gehen also von einem tiefgreifenden Realismus aus, dessen Grundlage die Wahrheit ist.

Es ist von hervorragendem Interesse den Wettkampf der Philosophen, wenn auch nur mit wenigen Worten, zu charakterisiren, welchen sie meist nur mit dunklen oder gar begriffslosen Begriffen kämpften, um diese unsere Weltseele, welche bis jetzt schon in einer ziemlich hohen Vollkommenheit in den Menschenkörper eingekehrt ist, ihrem Wesen nach zu erforschen.

Plato nimmt zwei Principe an. Er denkt sich das Eine (τὸ ἕν), die Idee des Guten, als die göttliche Vernunft in ewiger Ruhe und als in sich unbegränzt (ἄπειρον); ausserdem nimmt er noch ein Werdendes und ein Gewordenes als ein Vergehendes an, welches niemals wahrhaft seiend ist (μὴ ὄν), aber die Idee oder die göttliche Vernunft, die ihm als absoluter Zweck erscheint, in sich aufnimmt.

Das ist wohl einer der tiefsten und wahrsten Gedanken, der je aus einem Menschenhirn entsprungen ist, wenn er auch „das Eine“ naturwissenschaftlich noch nicht zu bezeichnen vermag, weil die nöthigen Entdeckungen dazu noch über zweitausend Jahre brauchten. Die platonische Idee ist unsere später genau anzugebende Weltseele, und unter dem Nichtseienden müssen wir die ewig wechselnde Natur „das Grosse wie das Kleine,“ wie Plato sagt, verstehen, denn inderthat gibt es nichts, was ist, sondern Alles unterliegt einem ewigen Wechsel. Nur durch das Zusammenwirken beider Prinzipien entsteht und besteht die sinnlich wahrnehmbare Welt. Unter Platos Wesenheiten (οὐσίαι) verstanden Aristoteles und die späteren Platoniker „die ewigen Gedanken einer unpersönlichen Gottheit.

Auch Empedokles behauptet: Keiner der Götter hat die
Welt gebildet, keiner der Menschen, immer war sie. Heraklit
(um 500 v. Chr.) legt in seiner Auffassung der Welt das
Hauptgewicht auf das Werden. Er sagt: Alle Dinge sind im
steten Werden begriffen, sie entstehen, vergehen und sind
keinen Augenblick. Auch Giordano Bruno, welcher im Jahre
des Heils 1600 zu Rom zur Ehre Gottes verbrannt wurde,
sagte vollkommen richtig: die Form des Stoffes ist das Ver-
gängliche (unorganische Stoffe, Same, Gras, Aehre, Nahrungs-
saft, Brot, Blut, thierischer Same, Embryo, Mensch, Leich-
nam, unorganische Stoffe); die Stoffe allein sind das ewig
Bleibende.

Schon im Buddhaismus und in der Sankjahlehre wird die
Materie als ewig und unvergänglich angenommen und bleibt
nach ihm in einem unaufhörlichen Wechsel durch die ihr an-
hängenden Naturkräfte. Er nimmt auch keinen persönlichen
Gott als Schöpfer und Erhalter des Weltalls an. Diese Lehre
hat auch keinen Gottes- oder Götzendienst, keine Opfer, Ge-
bräuche oder Gebete; sondern sie stützt sich auf die durch
eine gewisse Disziplin gepflegte Moral, reine Tugendlehre und
Brüderlichkeit.*)

---

*) Kein Wunder, dass unter den 450 Millionen Buddhisten das
von etwa 475 Millionen Gläubiger angenommene Christenthum
mit seinem dreitheiligen Gott, der mosaischen Schöpfungsge-
schichte, so wie dem Glaubens- und Wunderapparate gar keine
Fortschritte macht. Das Christenthum hat, man muss es mit
Bedauern gestehen, so lange es nur die Gefühle der Menschheit
ergriffen und sich von den positiven Kenntnissen der Natur losgesagt hatte, die Köpfe unfähig gemacht nach der Wahrheit
zu forschen. Graf Gobinean berichtet u. a. dass die Christen in
Persien, sowohl Katholiken als Schismatiker und Häretiker, alle
Laster des Muselmannes besitzen und sich von ihm nur durch

2

Spinoza nennt unsere Weltseele die Substanz, bei Kant ist es das Ding an sich, bei Hegel die absolute Idee, das reine Sein, die alleinige Substanz, Gott; bei Fichte das absolute Ich, bei Schopenhauer der Wille, bei Schelling das absolute Subjekt - Objekt oder das Reinseiende, die Idee, welche aus keiner Potenz mehr hervorgegangen ist, wobei er aber annimmt, dass eine Weltschöpfung aus der blossen Idee (d. h. ohne Stoffe) unmöglich ist. Schliesslich ist v. Hartmann beim „Unbewussten" angelangt und gibt dadurch dem Kinde einen Namen, der zwar auch die Potenz, der absolute Geist, genannt wird, aber am ehrlichsten die gegenwärtige Lage der Forschungen bezeichnet. Es gibt bei ihm nur das Unbewusste und seine Thätigkeit, die Welt ist ihm ein stetiger Schöpfungsakt, denn sie bietet niemals ein absolut fertiges Produkt dar. Leider aber ist auch ihm die

grössere Unwissenheit, mehr Aberglauben und eine tiefe Abneigung gegen den Fortschritt, so wie gegen jede Gedankenarbeit unterscheiden. Dagegen sind die sogen. Freidenker in Persien zahlreich und zählen wie anderwärts zu den Gebildeten.

Wenn wir die altindischen und griechischen Philosophen studiren, so muss uns die Selbstvergötterung des Christenthums als kurzsichtig, ja als wahrhaft kindisch erscheinen. Der dogmatische Theil des Christenthums steht in einem grellen, ja gradezu lächerlichen Widerspruche mit der Wissenschaft, die doch allein den Menschengeist befriedigt. Es ist unter den gebildeten Völkern die Zeit nicht allzufern, in welcher jenes Kartenhaus von dem Sturme des Fortschrittes der reinen Vernunft weggeblasen werden wird. Selbst der ethische Theil desselben hat nicht einmal die Vorzüge des früheren Buddhaismus. Das steht in der heutigen philosophischen Weltanschauung fest, dass das Christenthum weit mehr von der wahren Weltanschauung abweicht, als ältere religiöse Systeme und als die Naturforschung je zugeben kann.

Materie ein System von Atomkräften, auch er spricht von
einer Wesengleichheit von Geist und Materie (in dem gewöhnlichen Sinne). Sein „Unbewusstes“ reicht ihm offenbar nicht
aus, um eine physisch-psychische Kraft darzustellen oder zu
besitzen. Wir bleiben auch bei ihm ungeachtet seiner so tiefen
Forschungen schliesslich vor einem undurchdringlichen Nebel
stehen. Aber ich hoffe ihm schiesslich noch eine grosse Ge-
nugthuung gewähren zu können, indem ich dem „Unbewussten“
die naturwissenschaftliche Bedeutung und Wesenheit beilegen
werde.

Es geht durch den Kampf der Geister wie ein rother
Faden der Doppelgedanke, dass es ein schaffendes Prinzip und
das Geschaffene gibt. Das liegt u. a. auch in dem Ausspruche
Schellings: „Real ist das, was durch das blosse Denken nicht
geschaffen werden kann.“ Wenn also das blosse Denken ur-
fähig ist, etwas Wirkliches zu schaffen, so kann das Schaffende
selbst nicht ein blosser Geist sein. Was es ist, erfährt man
durch alle philosophischen Redensarten nicht. Man scheint
etwas zu haben und hat doch in Wirklichkeit nichts. Nicht
viel besser berathen war schon Ptolomäus, welcher meinte,
dass das Ideale die Vorstellung an sich, das Reale die gewollte Vorstellung sei. Das Wollen ist hier die That selbst
oder die That ist das äussere Wirksamwerden des Willens.

Wir sehen also, dass eigentlich alle diese Philosophen, wie
v. Hartmann, es nur mit einem gewissen Unbewussten zu
thun haben, welches den idealen Inhalt der Welt darstellt.
Leibnitz erklärt treffend die unbewussten Vorstellungen für
das Band, welches jedes Wesen mit dem ganzen übrigen
Universum verbindet. Kant nennt sie „dunkle Vorstellungen,“
oder Vorstellungen die wir haben, ohne uns ihrer bewusst zu
sein, und v. Hartmann sagt, dass die Vorstellungen in unserem
Bewusstsein einen idealen Inhalt haben wie das Unbewusste;

2 *

er setzt also eine wesentliche Uebereinstimmung unserer
geistigen Thätigkeiten mit seinem „Unbewussten" voraus. Man
könnte sagen: der ursprünglich unbewusste Geist (das unbewusste Wollen) ist das transcendente absolute Denken.

Schon Spinoza sah in der Denkkraft seiner „Substanz"
nichts anderes als eine Naturkraft, die sich bei ihrer
Wirkung auf den menschlichen Organismus in die
Denkkraft des Menschen umsetzen könne. Das ist
eine grosse und tiefe Wahrheit, welcher wir erst heute eine
feste naturwissenschaftliche Grundlage zu geben vermögen.
Das ist eines von den Hauptzielen dieser kleinen Schrift.

Wie jede Naturkraft zu der Erzeugung ihrer Wirkungen
einer Zeit bedarf, so auch diese Substanz bei ihrer Aeusserung
auf unseren Organismus; wie sie ausser uns, so wirkt sie
auch in uns bei den geistigen Thätigkeiten gesetzmässig.
Die Empfindungen der eigenen Körperzustände werden durch
blosse Uebertragungen dem Bewusstsein zugeführt und so
gelangen wir auch zum Selbstbewusstsein oder zur Erkenntniss des Ich, ohne dass wir uns des verbindenden Zwischen-
gliedes bewusst werden, also nur durch die Kraft des „Unbewussten." Im Unbewussten sind Vorstellung und Wille untrennbar verbunden. Im Bewusstsein aber kann ich zwar
ohne Vorstellung nicht wollen, wohl aber vorstellen ohne
Wollen.

v. Hartmann sagt, ohne das Wesen des Unbewussten zu
kennen, in durchaus zutreffender und geistvoller Weise: das
Unbewusste als das absolut Logische irrt nicht, es schwankt
und zweifelt nicht, braucht zur Ueberlegung oder Vergleichung
und Erfahrung keine Zeit, es erfasst augenblicklich das richtige Resultat ohne die logisch verbindenden Zwischenglieder
zu denken; das Unbewusste ermüdet nicht, erkrankt nicht.

Letzteres geschieht nur bei bewussten Geistigthätigkeiten und beim Eintritte heftiger Gemüthsbewegungen, da alle bewussten Vorstellungen vom Sinnlichen ausgehen, welches auf das Gehirn und die Ganglien als den Sitz des Bewustseins wirken, so dass dieses Organ zufolge des Stoffverbrauches abgeschwächt werden muss.

## Der Weltäther.

Um alle diejenigen philosophischen Visionen, welchen mehr oder weniger ein Stück Wahrheit zugrunde liegt, naturgemäss zu deuten, und um das Feld der Betrachtungen, auf welchem ich selbst den naturwissenschaftlichen Bau für den Weltprocess aufzuführen versuchen will, nicht nur zu ebnen, sondern auch um dem Vorwurfe, als ob meine Behauptungen ohne feste Grundlage nur in der Luft schwebten, vonvorn zu begegnen, muss ich den Leser bitten mit mir einige astronomische und physikalische Thatsachen zu würdigen, welche ihren Grund in der Wirksamkeit des den unendlichen Weltraum einnehmenden Aethers, des Weltäthers, besitzen. Bei der ausserordentlichen Tragweite dieser Untersuchungen müssen wir über den vielleicht etwas trockenen Ton der Darstellung derselben hinwegsehen.

Schon durch das indische Alterthum geht bei den Rechtgläubigen der Gedanke an einen Stoff im Weltraume, welcher zarter ist, als selbst der feinste der vier (Luft, Feuer, Wasser, Erde) übrigen sogenannten Elemente; es ist der Aether, durch welchen die Gestirne und der Himmel entstanden seien. Auch die Griechen nehmen einen unendlichen eigenschaftslosen Stoff an: τὸ ἄπειρον, und Ovid singt in seinen Metamorphosen I. 67: „Darüber (über der Erde mit ihrer Atmosphäre) verbreitete er den klaren, der Schwere entbehrenden Aether, welcher gar nichts besitzt von der irdischen Hefe" (d. h. von den irdischen Stoffen). Dem Spinoza ist das Eine, das τὸ ἕν des Plato, eine unendliche untheilbare Substanz, und so haben auch andere Philosophen ähnliche Vorstellungen.

Der unendliche Weltraum kann, abgesehen von den sichtbaren Körpern, nicht absolut leer sein, denn er wäre als das inhaltlose oder stoffleere Sein das kraftlose Nichts.

Wenn nun aber der unendliche Weltraum auch überall und ohne jede Unterbrechung einen Stoff enthält, so können wir denselben sinnlich doch nicht wahrnehmen, denn er ist kein bestimmt begränztes Einzelwesen, kein Körper mit sinnlich wahrnehmbaren Eigenschaften, sondern ein unbegränzter Stoff. Auch Goethe nennt ihn „unkörperlich." Jeder Körper ist Stoff mit einer bestimmten Begränzung, wodurch er bis zu einer bestimmten unteren Gränze der Kleinheit für die sinnliche Wahrnehmung geeignet wird; Weltäther aber ist ein Stoff, welcher den unendlichen Weltraum einnimmt, also nichts Individuelles besitzt, so dass er für sich und an sich durch unsere Sinne unmittelbar nicht wahrgenommen werden kann. Wir müssen inderthat die Begriffe Körper und Stoff von einander trennen, denn es gibt einen Stoff, welcher ein Körper nicht ist. Wie das Wasser für den Fisch, die Luft für den Vogel, so ist der Weltäther für die Weltkörper das Lebenselement.

Erst die in unserem Jahrhunderte mächtig aufblühenden Naturwissenschaften haben sein Vorhandensein durch eine Reihe von Erscheinungen nachgewiesen, und es wird die Zeit nicht mehr fern sein, in welcher ihm eine unendlich wichtige, ja die wichtigste Rolle im Haushalte der Natur allgemein zuerkannt werden wird. Weil so viele, selbst übrigens gebildete Männer, den Weltäther noch als hypothesisch ansehen oder sein Vorhandensein bezweifeln, so muss ich einige Beweise dafür anführen und will sie nicht blos dem Hohne des Mephistopheles preisgeben:

> „Daran erkenn' ich den gelehrten Herrn!
> Was ihr nicht tastet, steht euch meilenfern;
> Was ihr nicht fasst, das fehlt euch ganz und gar;
> Was ihr nicht rechnet, glaubt ihr, sei nicht wahr;
> Was ihr nicht wägt, hat für euch kein Gewicht;
> Was ihr nicht münzt, das, meint ihr, gelte nicht."

Zunächst wollen wir auf Erscheinungen achten, welche bei Kometen vorkommen.

Wenn man z. B. eine Holzkugel, an welcher Sandkörner ziemlich lose kleben, innerhalb Wasser bewegt, so werden durch den Widerstand des Wassers um so mehr Körner abgerissen, je schneller die Bewegung geschieht. — Kommt ein kugelförmiger (oder auch anders gestalteter) Komet, dessen Bestandtheile lose neben einander befindliche Körperchen 'sind, aus den Tiefen des Weltraumes in die Nähe unserer Sonne; so bildet sich ein um so längerer Schweif, je schneller der Komet geht.

Der Schweif besteht aus Kometentheilchen, welche der Widerstand des Weltäthers ihm vorzüglich an seinem Umfange abgerissen hat.

Bewegte der Komet sich in einer graden Bahn, so würde sein Schweif hohlkegelförmig gestaltet sein und seine perspektivische Seitenansicht würde uns eine von der Axe aus nach den beiden Gränzlinien gleichmässig zunehmende Lichtstärke zeigen. Da aber die Kometenbahn sich um so mehr krümmt, je näher das Gestirn der Sonne kommt, und der Schweif denselben Lauf verfolgt; so haben die an der äusseren Seite der Bahn befindlichen Theilchen, da sie einen längeren Weg in derselben Zeit zurückzulegen haben, eine grössere Geschwindigkeit als die an der inneren (wie an den Kurven der Eisenbahnen). Die natürliche Folge davon ist, dass der Weltäther den äusseren Theilchen einen grösseren Widerstand leistet, als es auf der Innenseite der Fall ist. Daher ist die Ansammlung der Schweiftheilchen auf der äusseren Seite der krummen Bahn grösser als auf der inneren, und dort die Lichtstärke des Schweifes grösser als hier. Dieses zeigte sich, wie ich beobachtet habe, besonders auffallend bei dem grossen Kometen von 1859.

Entfernt der Komet sich von der Sonne, so zieht er zufolge der sogen. Gravitation den Schweif mehr und mehr an sich heran; weil der Widerstand des Weltäthers bei der abnehmenden Geschwindigkeit des Kometen kleiner wird. Der ganze Komet nimmt mehr und mehr wieder die Kugelgestallt an.

Der Weltäther beweiset sein Vorhandensein noch durch eine zweite die Kometen betreffende Thatsache: er verkürzt nämlich ihre Umlaufszeit, und verengt ihre Bahnen, wodurch ihre Geschwindigkeit wächst und die Zerstreuung der Theilchen befördert wird. Der Beweis der Richtigkeit ist an den um unsere Sonne in einer geschlossenen Bahn sich bewegenden Kometen am gründlichsten durch Enke geführt worden.

Je massenhafter ein Weltkörper ist, desto weniger wird seine Bahn durch den Widerstand des Weltäthers gestört; aber eine Verkürzung der Umlaufszeit und eine Verkleinerung der Excentrizität tritt jedenfalls ein.

Thomson hat diese Verhältnisse einer Berechnung unterworfen und findet das Gewicht des Weltäthers in einem Rauminhalte von dem unserer Erde (2650 Kubikmeilen) gleich 250 Pfunden, was allerdings ausserordentlich wenig ist.

Ein anderer Beweis für das Vorhandensein des Weltäthers liegt in den Erscheinungen des Lichtes.

Es ist unmöglich, dass eine Kraft von einem Orte auf einen andern ohne einen Stoff übergetragen werden kann. Beim Maschinenwesen wird die Uebertragung oder Transmission durch Riemen, Ketten, Taue bewirkt; beim elektrischen Telegraphieren geschieht die Uebertragung durch Dräthe oder den Erdboden; der elektrische Fisch ertheilt die Schläge auf seine entfernte Beute durch das Wasser; bei einem Konzerte werden die Tonschwingungen der Instrumente zu unserem Ohre vorzüglich durch die Luft getragen. Wer aber trägt die Schwingungen der leuchtenden Weltkörper aus den Tiefen des Weltraumes, wo Luft oder ein anderer Körper nicht ist, zu unserem Auge? — Die in neuester Zeit bis zu einer bewundernswürdigen Schärfe und Sicherheit ausgebildete Lehre vom Lichte hat den strengen Beweis geführt, dass vom leuchtenden Körper aus nur mittelst schwingender Bewegungen eines ausserordentlich zarten und durchaus elastischen Stoffes die Empfindung des Lichtes in uns hervorgebracht wird. Es ist der Weltäther! Ohne ihn wäre der Weltraum absolut finster. Seine ausserordentlich kleinen kugelförmig zu denkenden Theilchen machen bei der Fortpflanzung des Lichtes auf dem sogenannten Lichtstrahle lotrecht stehende Querschwingen in allen Ebenen.*) Da die Fortpflanzung des Lichtes überall, sowohl auf unserer Erde als auch in dem übrigen Weltraume in ganz gleicher Weise mit derselben Geschwindigkeit geschieht, so muss der Weltäther, der wegen seiner anderweitigen Funktionen nicht bloss Lichtäther heissen sollte, im ganzen Weltraume überall eine gleiche Beschaffenheit besitzen.

Die Physik hat durch die Lichtlehre einen ihrer grössten Triumphe gefeiert, indem sie Rechnung und Versuche in die

---

*) S. Ph. Spiller: Handbuch der Physik, Thl. II. S. 12.

grösste Uebereinstimmung zu bringen und alle Erscheinungen
des Lichtes, mag es weiss oder farbig sein, durch die
Schwingungen des Weltäthers mit unfehlbarer Sicherheit zu
erklären gewusst hat.

Wie die von zwei Orten (Stimmgabelzinken) ausgehenden
Tonschwingungen an gewissen Stellen eines lufterfüllten
Raumes eine grössere, an anderen eine kleinere Schallstärke,
ja Aufhebung des Schalles, erzeugen können; ebenso zeigen
(auch im luftleeren Raume) die von zwei Lichtpunkten ausgehenden Aetherschwingungen an gewissen Stellen erhöhtes,
an anderen vermindertes oder sogar fehlendes Licht (Schwarz).
Wie für verschiedene Töne, so sind auch für die verschiedenen
Farben die Schwingungszahlen und die Wellenabmessungen
verschieden, für jeden der Fälle aber ganz bestimmte.

Da die Wirkung der Aetheratome für alle Fälle an jedem
Orte nach allen Richtungen dieselbe ist, so müssen wir ihnen
die Kugelgestalt beilegen.

Da ferner die Fortpflanzung der Bewegung in einem
Lichtstrahle eine ausserordentlich leichte und schnelle ist (in
1 Sekunde fast durch 42000 Meilen), so besitzt der Weltäther
gewiss eine grosse Elasticität und seine Atome lassen keine
anderen Zwischenräume, als die wegen der Kugelgestalt allein
nothwendigen, so dass wie bei einander berührenden Elfen-
beinkugeln der auf ein Atom ausgeübte Stoss sich zu den
anderen und durch die anderen fortpflanzt.

Weil die Geschwindigkeit der Fortpflanzung des Lichtes
in dem ganzen Weltraume dieselbe ist, so muss der Weltäther,
wenigstens zunächst zwischen den Weltkörpern, überall eine
gleiche Beschaffenheit besitzen. Eben daraus folgt auch das
Gesetz, dass die von einem leuchtenden Punkte ausgehende
Lichtstärke abnimmt, wie die Quadratzahlen der Entfernung
zunehmen.

Weil ferner die sogenannte Gravitation durch den ganzen Weltraum, wie weit auch die Wissenschaft in denselben eingedrungen ist, sich in durchaus (gesetzmässig) gleicher Weise wirksam zeigt und weil diese an allen Körpern erkennbare Kraft sich an und in den Körpern nicht durch sich selbst erzeugen kann; so muss es auch deshalb einen den ganzen Weltraum einnehmenden gleichmässig verbreiteten Stoff geben, von welchem jene Kraft ihren Ursprung nimmt; sie liegt, wie wir später noch genauer nachweisen werden, allein im Weltäther.

Aber nicht blos zwischen den Weltkörpern, sondern auch sogar in jedem Körper, auch in den irdischen, befindet sich jener Stoff und er umgibt sogar jedes seiner untheilbaren Atome. Auch das muss bewiesen werden.

Man kann beim schnellen Fahren auf Eisenbahnen leicht wahrnehmen, dass ein an einem entfernten Orte erzeugter Ton von bestimmter Höhe tiefer oder höher wird, jenachdem man von dem Tone sich entfernt oder sich ihm nähert (oder auch jenachdem der Ton vom ruhenden Hörer sich entfernt oder sich ihm nähert). Im ersten Falle werden die Tonwellen breiter, im zweiten dünner oder in jenem Falle hört man in einer bestimmten Zeit weniger, in diesem mehr Tonwellen, als wenn Beobachter und Tonquelle ruhen. — Eine ähnliche Bewandtniss hat es mit den Lichtwellen, welche durch zwei wassererfüllte Röhren von zwei einander ganz nahe liegenden Punkten ausgehen. Ruht das Wasser, so zeigt das Zusammenwirken beider Lichtwellensysteme abwechselnd helle und dunkle Streifen; fliesst es in dem einen zum, in dem andern vom Lichte, so verschieben sich die Streifen um so mehr, je schneller das Wasser fliesst.

Dadurch ist der Beweis geführt, das der Weltäther auch

das Wasser durchdringt und dass er an seinen Bewegungen
theilnimmt.

Aber nicht blos das Wasser durchdringt der Weltäther,
sondern auch alle anderen Körper, und zwar so, dass seine
Verbreitung eine nach allen Richtungen hin entweder gleich-
mässige ist oder nicht, jenachdem dieses mit der Dichtigkeit,
Härte, Kohäsion, Spaltbarkeit und Elastizität der Fall ist
oder nicht. In einem der letzten Fälle muss die Fortpflanzungs-
geschwindigkeit des Lichtes, also auch die Abmessung der
Aetherwellen nach verschiedenen Richtungen verschieden sein.
Dieses zeigt sich u. a. recht auffallend beim Kalkspathe,
welcher nach gewissen Richtungen zwei Bilder von einem
Gegenstande (Punkte) zeigt, weil Dichtigkeit und Elastizität
des Aethers nach diesen Richtungen verschieden sind.

Der Aether durchdringt zwar den Körper, aber nicht deren
untheilbare Atome; sondern er umgibt diese blos. Die Atome
für sich sind kraftlos, also auch ihre Gruppen, nämlich die
Molekel, und deren Ansammlungen oder die Körper. Die in
Körper eindringenden Aetherschwingungen setzen theils die
Atome und Molekel derselben auch in schwingende Bewegungen,
theils werden die ankommenden Aetherschwingungen zurückgeworfen. Diese Verhältnisse bedingen verschiedene Erscheinungen.

Die stehenden Schwingungen der Körpermolekel lassen sich
als Wärme durch das Gefühl und Thermometer erkennen,
und die rückwärts fortschreitenden Aetherschwingungen
zeigen sich bei kleineren Schwingungszahlen als strahlende
Wärme, bei grösseren als Licht. Wärmeschwingungen
werden daher zu Lichtschwingungen, wenn es gelingt auf irgend
eine Weise, z. B. durch einen plötzlichen Druck, wie beim
pneumatischen Feuerzeuge, ihre Schwingungszahl zu ver-
grössern. Wenn ein Körperatom seinen Ort zu verlassen ge-

nöthigt wird, so dringt der Aether augenblicklich in den verlassenen Raum ein und übt somit einen Druck auf ein solches Atom aus, wodurch Aether und Atom in eine Wechselwirkung treten. Wirken Aetherschwingungen auf ein nicht durchlassendes Atom, so empfängt es anfangs mehr als es abgibt, bis ein gewisser Gleichgewichtszustand eingetreten ist; beim Nachlassen der einwirkenden Aetherschwingungen gibt es dann mehr ab als es erhält, bis es in seinen früheren Zustand zurückgekehrt ist. Je mehr also von der Flächensumme der Atome eines Körpers blossgelegt wird, desto schneller kühlt er ab. Wird der betreffende Körper nicht zerlegt, so werden die Aetherschwingungen in seinem Inneren von Atom zu Atom hin und her geworfen, wobei die Kraft der Wärmestrahlen, welche von den einzelnen Atomen aufgefangen werden, ebenso gross ist als die Kraft der ausgesendeten Strahlen. Sind daher an einer Stelle eines abgesperrten Raumes z. B. Gasatome näher aneinander als an einer andern, so werden jene so lange nach diesem Raume durch die stärkeren Aetherschwingungen zwischen ihnen hin und her getrieben, bis eine gleiche Vertheilung mit stabilem Gleichgewichte des ganzen Systems der Atome eingetreten ist oder bis die durch die Schwingungen erzeugte Spannkraft des Gases in allen Theilen des abgesperrten Raumes dieselbe ist. Diese Thatsache ist für das Maschinenwesen äusserst wichtig. (Anwendung des Kondensators.)

Bei denjenigen Körpern, welche Licht- und Wärmestrahlen durchlassen (durchsichtig, diatherman sind) pflanzen die Atome die Schwingungen nur fort und der durchlassende Körper wird weder erleuchtet noch erwärmt (Luft, Steinsalz); die Körperatome gerathen mit dem Aether in gleichartige, wenn auch wegen ihres Widerstandes nicht in gleichweite Schwingungen, oder diese werden verlangsamt. Für durchgelassene Licht- und Wärmestrahlen ist es einerlei, ob die Dichtigkeit oder die

Dicke der durchlassende Schicht in gleichem Verhältnisse geändert wird; es kommt nur auf die Menge der von den Wellen
getroffenen Atome an: der Körper lässt um so weniger Strahlen
durch, je mehr Atome auf ihrer Weglänge liegen, und je mehr
sie von ihnen zurückgeworfen werden. Ferner aber hängt es
nur von der Natur der Stoffe ab, ob gewisse Strahlen durch-
gelassen, andere aufgefangen werden.

Es würde uns hier zu weit führen, wenn wir auf diese
Grundanschauungen gestützt, alle die mannigfaltigen Erscheinungen der Brechung, Polarisation, Farbenzerstreuung
u. s. w. erklären wollten. Wir müssen vielmehr noch die
Wirkungen des unzweifelhaft vorhandenen Welthäthers unter-
suchen.

Weil der Aether den unendlichen Raum einnimmt, es also
keinen Ort ausser ihm gibt, so kann er als Ganzes sich nicht bewegen, sondern er ist nur fähig theils eine Druckkraft auf die
in ihm befindlichen Stoffatome auszuüben, theils in seinem
Inneren in Schwingungen zu gerathen. Diese Schwingungen
sind theils in der Richtung eines jeden Strahles fortschreitende,
theils stehende und geschehen lothrecht auf jedem Strahle.
Sie sind mit unfehlbarer Sicherheit physikalisch nachgewiesen
und lassen sich leicht erklären, wenn wir die kleinsten
Bestandtheile des Welthäthers als kugelförmig und absolut
elastisch annehmen. Daran schliessen sich wichtige Betrachtungen.

Wenn wir an den Wänden eines Glases mit frischgeschöpf-
tem Wasser in der wärmeren Stube kugelförmige Luftblasen
hängen und wenn wir die Seifenblasen in der Luft sich kugelförmig gestalten sehen, so werden wir nicht meinen dürfen,
dass die Kugelgestalt eine Folge der gegenseitigen Anziehung
der Lufttheilchen ist, sondern müssen sie als eine Folge des

allseitig hier fast gleichen auf sie ausgeübten Druckes, im ersten Falle des Wassers, im zweiten der atmospärischen Luft ansehen. Wer aber rundet den Wasser- und Quecksilbertropfen in einem luftleeren Raum? Wer rundet die goldglänzenden Thautropfen des Weltraumes, die Weltkörper? Es ist die von jedem Punkte des Weltraumes aus nach allen Richtungen hin gleiche Druckkraft des Weltäthers. Jeder Punkt im Weltraum ist nämlich der Mittelpunkt einer Kugel mit endlosen Strahlen.

Ist ein einzelnes Stoffatom in absoluter Ruhe, so erleidet es rings um einen gleichen Druck. Stehen zwei gleichartige Atome einander gegenüber, zwischen denen der Weltäther sich in Querschwingungen befindet, so werden diese Atome ebenso gewissermassen zu einander gezogen, wie zwei Punkte zwischen denen eine Saite ausgespannt ist und welche man in Querschwingungen versetzt hat. Wir können in jenem Falle aber ebenso gut sagen, dass die beiden Atome durch den Weltäther von ihren Aussenseiten her an einander gedrückt werden. Es tritt also hier eine Thatsache ein, welche den Schein gewährt, als ob die beiden Atome einander anzögen, obwohl sie für sich kraftlos sind. Hierin liegt das ganze Geheimniss der sogen. Gravitation oder Schwere, d. h. des angeblichen Bestrebens aller Körper aus eigener Machtvollkommenheit einander anzuziehen. Was mit zwei Atomen stattfindet, geschieht auch bis auf eine gewisse Entfernung mit einer ganzen Gruppe; es entsteht also aus nachgibigen Stoffen durch den Weltätherdruck ein kugelförmiger Körper, weil im unendlichen Weltraume jeder Punkt als Mittelpunkt angesehen werden darf und daher der Weltätherdruck von allen Seiten her ein gleicher ist. Selbst bei den entferntesten Nebelflecken zeigt sich die Neigung zur Herstellung der Kugelgestalt, also überall im Weltraum die Wirksamkeit des Weltäthers in gleicher Weise.

Aber nicht blos die oft ausserordentlich grossen Welt-körpergebilde sind kugelförmig, sondern auch äusserst kleine mikroskopische Körper, wie die Blutkörperchen, die niedrigsten Algen, der Protoplasmus (*sphærosira rolvox*) und dessen Theile, wobei letztere (nach Williamson) sogar Hohlkugeln sind, wie die durch Anzünden einer Stahlfeder in Sauerstoff, die durch Schmelzung eines Eisendrathes mittelst Elektrizität, wie die in der Luft von Fabrikräumen schwebenden, oder mit dem Meteorstaube aus dem Weltraume bisweilen fallenden Eisenkügelchen, oder wie endlich die meisten Weltkörper.*)

Weil bestimmte Stoffe stets nach denselben Gesetzen krystallisiren und aus dem Umstande, dass die Stoffe stets nur in ganz bestimmten Zahlenverhältnissen miteinander sich chemisch verbinden, muss man den Schluss ziehen, dass die Atome der verschiedenen Elementarstoffe eine ganz bestimmte Gestalt besitzen, die es verhindert, dass der Druck des Welt-äthers bei allen kleinen Körpern stets die Kugelgestallt her-stellt, welche allerdings diejenige ist, die bei der möglich ge-ringsten Oberfläche den möglich grössten Rauminhalt hat.

Wie die Atome in den Molekeln, die Molekel in den ein-zelnen Körpern, diese in einem Weltkörper, so werden auch die letzteren in den kleineren und grösseren Weltkörper-systemen allein durch den Druck des Weltäthers zusammen-gehalten. Adhäsion und Kohäsion sind einfache Folgen des Weltätherdruckes. Es gehört ein wahrhaft kindlich naiver Glaube dazu, einer unten möglichst glatten Platte selbst die

---

*) S. Ph. Spiller: Die Entstehung der Welt und die Einheit der Naturkräfte. Populäre Kosmogenie. S. 37, 66, 203.

Kraft beizumessen, eine andere gewichtige unter ihr festhalten zu können.

Die chemische Verwandtschaft, die Flächenanziehung oder Adhäsion, der Zusammenhang der Theile eines Körpers oder die Kohäsion, das Fallen der Körper zur verhältnissmässig grossen Erde, die Begleitung unseres Mondes, der Zusammenhalt aller Planeten und Monde unseres Systems mit der Sonne u. s. w. sind die Wirkungen nur einer und derselben Kraft, welche man bisher blos für die letzteren Erscheinungen die Gravitation genannt und ihrem Grund mitunrecht in die Körper und Körperstoffe selbst gelegt hat, während diese inderthat leidend oder passiv sind.

Die Kosmogenie weiset nach, dass unsere Sonne mit allen ihren Planeten und Monden aus einem kosmischen zarten Nebel hervorgegangen ist. Wenn wir die Stoffe aller Körper des Systems in einem kugelförmigen Raume mit dem Halbmesser der Neptunbahn gleichmässig vertheilt annehmen, so würden die erst in mehren Kubikmeilen enthaltenen das Gewicht von einem Gran besitzen. Weil wir nun die jetzige Dichtigkeit der Körper unseres ganzen Systems ziemlich genau kennen, so lässt sich die Grösse des nothwendig gewesenen Weltätherdruckes auf die Nebelkugel einigermassen berechnen. Diese Kraft ist nämlich umgesetzt worden theils in Wärme, theils in mechanische Kraft oder in Bewegung der Weltkörper. Die letztere ist jetzt noch der etwa 454ste Theil der Gesammtkraft, immerhin indess noch recht bedeutend, denn die Bewegungskraft der Erde allein um die Sonne entspricht einer Wärme, welche eine Wasserkugel von ihrer Grösse um 112000°C. erwärmen würde, und ihr Fallen auf die Sonne würde durch den Stoss eine noch 400 mal grössere Wärme erzeugen; die erstere dagegen würde hinreichen eine Wassermasse, welche der aller Weltkörper unseres Systems

gleich wäre, um mehr als 25 Millionen Zentesimalgrade zu
erhitzen. Von dieser Wärme ist schon während der Verdichtung der Dunstkugel der grösste Theil in den Weltraum
ausgestrahlt. Wenn auch alle Körper unseres Systems reine
Kohle wären, so würde durch ihr Verbrennen doch nur ¹/₃₅₀₀
jener Gesammtwärme erzeugt, welche der Weltäther bei der
Erzeugung desselben überhaupt hervorbringen musste. Die
chemischen Wirkungen der Weltenstoffe konnten erst nach
einer grösseren Verdichtung eintreten.

Nun tritt aber eine Frage an uns, welche für die Entstehung der Welt von entscheidender Wichtigkeit ist, nämlich
die nach den ersten Bewegungen im Weltraume. Wären
die in ihm von Ewigkeit her vorhanden gewesenen, also auch
unerschaffenen und unvertilgbaren Stoffelemente durchaus
gleichartig, gleichgross, gleichschwer, gleichvertheilt und stets
in Ruhe gewesen; so würden sie durch den Weltäther in einem
ewigen Gleichgewichtszustande oder in Ruhe erhalten worden
sein und es hätten aus ihnen Körper nicht enstehen können.
War aber auch nur eine einzige dieser Bedingungen nicht
vorhanden, so mussten Bewegungen eintreten. Dass dann im
Weltraume Bewegungen durch eine ruhende Materie erzeugt
wurden und durch sie auch erhalten werden, ist meines
Wissens zuerst durch Hamberger zwar behauptet und durch
Kant erläutert, nicht aber bewiesen worden; denn dieser
sagt blos:*)

„Die allerersten Bewegungen in diesem Weltgebäude
sind nicht durch die Kraft einer bewegten Materie hervorgebracht worden, denn sonst würde sie nicht die erste sein.
Sie sind aber auch nicht durch die unmittelbare Gewalt

---

*) S. Kant's Werke von Hartenstein Bd. I. S. 59.

Gottes oder irgend einer Intelligenz verursacht worden, so lange es noch möglich ist, dass sie durch die Wirkung einer Materie, welche im Ruhestande ist, haben entstehen können; denn Gott erspart sich so viele Wirkungen, als er ohne den Nachtheil der Weltmaschine thun kann, hingegen macht er die Natur so thätig und wirksam als es nur möglich ist. Ist nun die Bewegung durch die Kraft einer an sich todten und unbewegten Materie in die Welt zu allererst hineingebracht worden, so wird sie sich auch durch dieselbe erhalten und, wo sie eingebüsst hat, wieder herstellen können."

Um überhaupt die Nothwendigkeit der Bewegungen im Weltraume und sodann ihre Gesetzmässigkeit genauer zu erforschen, wollen wir zunächst die Verschiedenheit der Atomgewichte der Elementarstoffe berücksichtigen. Wir wissen z. B., dass, wenn ein Wasserstoffatom das Gewicht 1 hat, Stickstoff 14, Sauerstoff 16, Phosphor 31 Chlor 35,5, Arsen 75, Quecksilber 200 solcher Gewichtseinheiten besitzen.

Stehen zwei gleichartige, gleichschwere und für den Weltäther undurchdringliche Stoffatome einander gegenüber, so ist der Weltätherdruck auf ihre gegeneinander gekehrten Flächentheile kleiner als der auf sie vonaussen wirkende. Wegen ihres gleichen Gewichtes ist der von ihnen geleistete Widerstand gleich, die beiden Druckkräfte sind auch gleich, wirken ununterbrochen in gleicher Stärke auf beide Atome; also müssen die letzteren mit gleicher und gleichmässig beschleunigter Geschwindigkeit gegen einander sich bewegen. Was von zwei solchen Atomen, das gilt auch von zwei solchen Körpern.

Sind die zwei einander gegenüber stehenden Atome ungleich schwer, so bewegen sie sich zwar auch und auch mit derselben Gesetzmässigkeit gegen einander, aber das leichtere mit einer im umgekehrten Verhältnisse seiner Masse grösseren

3*

Geschwindigkeit, weil es in demselben Maaso kleineren Widerstand leistet. — Dasselbe gilt von zwei ungleichschweren
Körpern. Ist im letzten Falle der eine Körper ausserordentlich gross, der andere ausserordentlich klein; so ist es
fast als ob jener stillstände und nur dieser sich gegen jenen
bewege und auf ihn falle, wie z. B. ein Stein auf unsere Erde
fällt. Alle Körper fallen daher gleich schnell, wenn die
sonstigen Widerstände beseitigt sind.

Die angebliche Anziehungskraft der Erde, welche inderthat nicht vorhanden ist, wirkt fortwährend und für so geringe
Höhen unterscheide, wie sie bei fallenden Körpern vorkommen, mit gleichbleibender Stärke. So gehen die für den
unendlichen Weltraum giltigen Fall- und Gravitationsgesetze
hervor;*) die Körper sind dabei nicht selbstthätig oder aktiv,
sondern werden durch den Weltäther zu Bewegungen getrieben, deren ewig giltige Gesetze der grosse Newton aufge-
stellt hat.

Wenn die Wissenschaft auch wirklich dahin gelangen
sollte, wozu mir wenig Aussicht zu sein scheint, obwohl einige
Versuche nicht ganz hoffnungslos sind,**) nachzuweisen, dass
statt der jetzigen 66 Elementarstoffe ursprünglich nur ein
einziger im Weltraum vorhanden gewesen wäre; so werden
wir doch die Bewegungen in ihm als von ewigkeit her be-
stehend annehmen müssen, denn der Fall, dass bei der Unendlichkeit des Weltraumes und der unendlichen Menge der
Stoffatome jedes der letzteren von jedem benachbarten überall
dieselbe Entfernung gehabt habe, hat absolut keine Wahr-

---

*) S. Ph. Spiller: Grundriss der Physik, 4te Aufl. S. 26, 31,
73, 93.
**) S. Ph. Spiller: die Entstehung der Welt und die Einheit
der Naturkräfte. Populäre Kosmogenie. S. 487.

scheinlichkeit für sich\*). Waren aber auch nur zwei, wir wollen sagen gleichartige Stoffatome irgendwo einander näher als anderwärts, so mussten sie zueinander sich bewegen und beieinander bleiben. Ihre Verbindung wurde der Sammelpunkt für die umgebenden. Da die beiden gleichartigen Atome in der Mitte ihrer Entfernung sich verbunden haben, so werden sie vondaaus mit doppelter Kraft in geringerer als der doppelten Entfernung von derjenigen, welche alle anderen Atome voneinander ·haben, auf die benachbarten eine so starke scheinbare Anziehung ausüben, dass zuerst die nächsten und dann sich deren nach und ́nach eine grosse Menge zusammenfinden und einen Körper bilden. Bei Verschiedenheit der Atomgewichte musste diese Erscheinung auch dann eintreten, selbst wenn alle Atome auch gleiche Entfernung von einander gehabt hätten. Die Bewegung tritt um so eher ein, wenn sowohl die Entfernungen als auch die Atomgewichte verschieden sind.

Auf diese Weise bildeten sich wegen der mit zunehmender Entfernung schnell abnehmenden Wirkung der Gravitation und wegen der Unendlichkeit des Weltraumes eine unübersehbare Anzahl von Zentralkörpern, welche die Wiege wurden für Weltkörpersysteme niederer und höherer Ordnungen, wie wir sie jetzt im Weltraume kennen. Die Kosmogenie weiset naturgemäss die weiteren Vorgänge bei deren Bildung nach.

Jetzt erst, nachdem wir die Bewegung der an sich todten

---

\*) Zeichnet man lauter regelmässige sechsseitige Figuren so aneinander, dass jede Seite zu zwei Figuren gehört, so liegen die Scheitel oder Winkel gleich vertheilt. Bei den nach dem Hexagonalsysteme krystallisirenden Stoffen (Schneekrystalle) geschieht das Aneinanderschiessen der Molekel so, als wäre eine gleiche Vertheilung vorhanden gewesen. Hierbei sind aber noch andere Umstände zu berücksichtigen.

und kraftlosen Stoffe durch den Weltäther kennen gelernt
haben, hönnen wir Stoff und Kraft miteinander in Verbindung bringen. Vorher und ehe wir die im Weltäther
allein liegende Urkraft kennen gelernt haben, liegt in der
sogenannten Untrennbarkeit von Stoff und Kraft keine
Wahrheit.

Wie eine ruhende Kugel erst durch einen auf sie ausgeübten Kraftanstoss bei ihrer demnächst erfolgenden Bewegung
ein nach ihrer Masse und der ihr ertheilten Geschwindigkeit
zu beurtheilendes Maas von Kraft erhält, enthält und ausübt,
so ist es auch mit den Körpern im Weltraume. In beiden
Fällen hat eine Uebertragung von Kraft stattgefunden. Ohne
die im Weltäther liegende Urkraft würden alle Stoffe im absolut leeren Raume ohne alle Kraft sein. Alle weiteren Erscheinungen sind nur eine Folge der Uebertragung der
Kraft und einer Umwandlung der Bewegungsart. Wie
nämlich im Maschinenwesen durch die verschiedene Gestalt
der Maschinentheile und ihr rechtzeitiges Ineinandergreifen
die Bewegungsarten umgewandelt werden können, so auch in
der Weltenmaschine von den Atomen an bis zu den Weltkörpern. Wie dort die ursprünglich wirkende Kraft in dem
ganzen Maschinenwerke unverändert erhalten wird, wenn wir
die Reibung und die dadurch erzeugte Wärme mit berücksichtigen; so auch in dem Weltenbaue.

Weil die Summe der Stoffe ungeachtet ihrer Umwandlungen im Weltalle eine unveränderliche bleibt und weil der
unendliche Weltäther im Weltraume allein die Urkraft ist,
so bleibt auch die Gesammtkraft im Weltalle ewig
dieselbe. Auf diesen zwei Grundlagen beruht das bewährte
Gesetz von „der Erhaltung der Kraft", welches man aber nicht
blos, wie so häufig geschieht, auf unser Sonnensystem beschränken darf, sondern auf den ganzen Weltraum beziehen muss.

In dem zu unserer Sonne gehörigen Systeme von Weltkörpern
vermindert sich naturgemäss die lebendige Kraft fortwährend,
wenn auch äusserst langsam.

Wie ein Stoff sich selbst nicht erzeugen, sondern in Verbindung mit anderen Stoffen nur Umwandlungen erleiden kann, so
ist es auch unmöglich, dass eine Kraft aus Nichts entsteht. Wenn
man beispielsweise zu sagen pflegt, dass die blosse Berührung
zweier Metalle eine unerschöpfliche Quelle von Elektrizität
ist, so scheint es allerdings als ob eine Kraft aus Nichts ent-
stände; aber hier sind die unsichtbaren Wärmeschwingungen
der Molekel beider Metalle die Kraftquelle. Nur Unwissenheit konnte sich bemühen Kräfte aus nichts hervorbringen zu wollen. Wenn man also gemeint hat, dass die im
Weltraume zerstreut gewesenen Stoffatome sich selbst, zufolge ihrer Anziehung oder Gravitation zueinander zu kosmischen Wolken, als dem Keime der Weltkörpersysteme, ange-
sammelt haben; so sagt man offenbar das Unmögliche: hier hat
sich eine Kraft durch sich selbst erzeugt; Das Wesen der
Gravitation liegt also keinenfalls in den Körpern
selbst, sondern in der Urquelle der Kraft für das
ganze Universum, im Weltäther.*)

---

*) Herman J. Klein „wagt es" (Ausland 1872 Hr. 19. S. 444.)
Faye gegenüber zu behaupten, dass selbst die gemeine Anziehung
(i. e. Gravitation) nicht durch einen physisch absolut leeren Raum
(hindurch) zu wirken vermag: vermöchte sie dieses, so stünde
(stände) die Naturwissenschaft unmittelbar vor einem Wunder
und die Logik des menschlichen Verstandes wäre am Ende".
Die so späte Erkenntniss der Naturforscher und Philosophen
hat dem sonstigen Ruhme der Naturwissenschaft bisher ungemein
geschadet. Aber schon Newton schreibt in seinem dritten Briefe an
Bentley: die Meinung, dass ein Körper auf einen anderen in der Ferne
durch ein Vakuum (absolut leeren Raum) wirken könne, scheine
ihm eine so grosse Ungereimtheit, dass er glaube, Keiner, der in

Wenn die Finsterlinge unserer Zeit es gewagt haben, deshalb die kopernikanische Weltordnung beim Volke zu verdächtigen nicht nur weil sie nicht bibelrecht, sondern auch weil Newton, der Entdecker der absolut richtigen Gravitationsgesetze, selbst offen bekannt hat, er wisse nicht, welches das Wesen (der Urgrund) der Gravitation oder Schwere sei, und weil Kant es auch bedauert, dass „jener grosse Weltweise" das „bisher unbegreifliche Wunder der Schwere" zu entschleiern nicht vermocht hat; so können sie, wenn sie einsichtsvoll und aufrichtig genug sind, jetzt sich, wie ich meine, vollkommen beruhigen.

Nicht minder geheimnissvoll, aber auch unermesslich folgenreich tritt ferner die Fliehkraft auf der Erde und im ganzen Weltraume auf.

Wenn ein Körper irgendwie genöthigt wird in einer krummen Bahn sich zu bewegen, so zeigt er das Bestreben sich in der graden Verlängerung der Verbindungslinie zwischen

---

philosophischen Dingen eine hinlängliche Fähigkeit des Denkens besitze, könne jemals dieselbe annehmen. „Gravitation muss durch ein beständig nach bestimmten Gesetzen wirkendes Agens erzeugt werden." Auch Kästner meint in seiner höheren Mathematik, die Gravitation zweier Körper zueinander sei keine Zweiheit, sondern „ein Ergriffensein beider von einer höheren Einheit. Die Nötigung zur Bewegung erfasst beide zugleich." Welche Rolle ich dem Weltäther seit fast einem Vierteljahrhundert zugeschrieben habe, wird man aus dem vierten Theile meiner Schrift: „Die Entstehung der Welt und die Einheit der Naturkräfte. Populäre Kosmogenie" leicht erkennen. Welche Rolle er überhaupt im Weltalle spielt, werden wir in dieser Schrift noch weiter wahrnehmen. Ist er der Grund für das Auftreten der Gravitation, so beruhen auch alle irdischen, auf den Gesetzen des Gleichgewichtes und der Bewegung beruhenden Erscheinungen (z. B. im Maschinenwesen) auf der in ihm liegenden Kraft.

dem Mittelpunkte der Bewegung und dem Punkte der Bahn, in welchem er sich grade befindet, weiterfort zu bewegen. Daher z. B. spannt eine an einer Schnur im Kreise geschwungene Kugel diese Schnur in jedem Punkte ihrer Bahn und geht, wenn der Kreis lothrecht auf dem Horizont steht und man sie grade in einem der Endpunkte des horizontalen Durchmessers loslässt, in grader lothrechter Richtung auf- oder abwärts. Lässt man sie freilich in anderen Bahnpunkten los, so beschreibt sie eine krumme Linie, weil die nach dem Mittelpunkte der Erde gehende Richtung der Schwere mit allen anderen Strahlen der Bahn einen Winkel bildet, so dass durch das Zusammenwirken dieser zwei Kräfte, der Fliehkraft und der Schwere, eine krumme Bahn entstehen muss, in welcher die Kraft des bewegten Körpers als Schwungkraft wirkt. Diese findet u. a. durch die Schwungräder und Regulatoren für das Maschinenwesen eine äusserst wichtige Anwendung.

Dass wir aber zum Hervortreten der Schwungkraft eines festen Bandes nicht bedürfen, zeigt u. a. der bekannte Lendenritt der Kunstreiter oder der Versuch, bei welchem ein auf einem Reifen stehendes Gefäss mit Wasser im Kreise geschwungen wird. Bei hinreichender Geschwindigkeit wird durch die Fliehkraft in jenem Falle der Reiter an die innere Seite des Pferdes, in diesem das Wasser nach dem Boden des Gefässes hingedrückt, und läuft nicht aus, selbst wenn seine Oeffnung nach unten gerichtet ist.

Es ist nun zwar selbstverständlich, dass auch bei den Weltkörpern in ihren freien krummen Bahnen die Fliehkraft auftritt, aber damit ist ihr Wesen oder der Grund für ihr Erscheinen in allen diesen und ähnlichen Fällen durchaus noch nicht ermittelt, denn die Körper, an denen sie erscheint, können sie an sich und durch sich selbst nicht erzeugen.

Erhielte ein Körper durch irgend eine Kraft einen auch nur augenblicklichen Anstoss mit allen seinen Atomen in grader Richtung sich zu bewegen, so würde er, wenn er nur im Weltäther sich bewegte, diese gradlinige Bewegung ewig fortsetzen, denn der Aether würde ihm auf der Vorderseite mit einer Leichtigkeit die Bahn eröffnen, welche der auf der Rückseite wirkenden Druckkraft desselben genau gleich ist, so dass eine Aenderung in der Geschwindigkeit nicht eintreten kann, während die auf die entgegengesetzten Seitenflächen des Körpers wirkenden Druckkräfte in ihrer Gesammtheit als gleiche und entgegengesetzte einander aufheben.

Sowie aber ein Körper gezwungen wird in einer krummen Linie sich zu bewegen, so haben die an der Aussenseite seiner Bahn befindlichen Theile eine grössere Geschwindigkeit als die an der inneren, also überwinden jene den Weltätherdruck mehr als diese, so dass der voninnen nachaussen gerichtete Weltätherdruck grösser bleibt, während der Aether an der Vorderseite der Bahn mit derselben Leichtigkeit nachgibt, mit welcher er auf der Rückseite drückend wirkt. So also entwickelt sich durch den im ersten Falle auf die Innenseite ausgeübten überwiegenden Druck die sogeheimnissvoll auftretende Fliehkraft der in krummen Bahnen laufenden Körper.

Wir sehen ferner, dass alle aus nachgibigen Stoffen bestehenden und um eine gewisse Axe sich drehenden Körper abgeplattet werden. Auch von dieser auffallenden Erscheinung liegt der Grund nicht in den Körpern selbst, sondern im Drucke des Weltäthers. Bei der Axendrehung haben nämlich alle Körpertheile eine um so grössere Geschwindigkeit, je weiter sie von der Drehungsaxe entfernt sind, die auf der Oberfläche einer Kugel befindlichen also, je weiter sie von den Polen nach dem Aequator hin liegen. Aber mit zunehmender Geschwindigkeit der Körpertheile nimmt der Aether-

druck auf sie ab, er wächst also vom Aequator nach den Polen
hin, oder es ist als wenn die Kugel beim Drehen durch zwei von
den Polen aus wirkende Kräfte zusammengedrückt würde.
Dass die Stärke der Abplattung mit der Drehungsgeschwin-
digkeit und der Beschaffenheitdes Körpers zusammenhängt
ist selbstverständlidh.

Weil Newton den Weltraum ausserhalb der Körper für
stoffleer ansah, schnitt er sich jede Aussicht ab, die den Planeten (und überhaupt allen in krummen Bahnen sich bewegenden und um eine Axe sich drehenden Weltkörpern) thatsächlich zukommende Schwungkraft naturgesetzlich zu erklären.
Dass die zur Erklärung der Axendrehung der Weltkörper
von Kant angegebenen Erläuterungen und die von Laplace
und seinen Nachbetern angenommenen exzentrischen Stösse
durchaus unzulässig sind, habe ich in der Kosmogenie*) ge-
zeigt und zugleich die dafür allein maasgebenden Kräfte an-
geführt.

Wir haben zwar behufs des Nachweises für das Vorhandensein des Weltäthers bereits von Wirkungen auf Entfernungen gesprochen, ohne dass wir ein sichtbares Zwischenglied für die Vermittlung oder Uebertragung der Kräfte erkannten ; wir wollen aber noch, nachdem er uns nicht mehr als
Phantom erscheint, noch einige Thatsachen auf ihn zurückzuführen suchen.

Wer möchte z. B. nicht staunen, wenn er bei einem
starren Magnetstabe wahrnimmt, dass er auf Entfernungen,
und selbst im luftleeren Raume, mit dem einen Ende (Pole)
einen anderen Magneten anzieht, mit dem anderen Ende abstösst? Ebenso ist es bei electrischen Körpern. Man darf

---

*) S. Ph. Spiller: die Entstehung der Welt und die Einheit
der Naturkräfte. Populäre Kosmogenie. S. 139 u. ff.

auch hier nicht meinen, dass die Körper eine Selbstthätigkeit
entwickeln. Wir wollen uns einen analogen Fall zurechtlegen.
Man nehme einen offenen Zylinder, führe in jedes der beiden
Enden einen luftdicht anschliessenden, aber leichtbeweglichen
Kolben, pumpe durch eine Seitenröhre aus dem abgesperrten
inneren Raume des Zylinders die Luft aus und man sieht
dann, wie die beiden Kolben gegeneinander fahren. Sie ziehen
einander aber nicht selbst an, sondern sie werden durch die
atmosphärische Luft vonaussenher zusammmengedrückt. So
ist es auch, wenn einem magnetischen Nordpole ein Südpol
oder einem Körper mit positiver ein anderer mit negativer
Elektrizität genähert wird. Die beiden Körper bewegen sich
gegeneinander, weil der Raum zwischen ihnen mehr oder
weniger ätherleer ist. — Lassen wir die Luft in unseren Zylinder wieder einströmen, so bewegen die Kolben sich voneinander, weil die eindringende Luft sie stösst.

Es würde mich zu weit von den Zielen dieser Schrift ab-
führen, wenn ich hier die seit mehr als 20 Jahren von mir
aus einer reichen Fülle von Thatsachen aus der Physik und
Chemie abgeleitete Theorie über das Wesen des Magnetismus,
der Elektrizität und der Wärme ausführen wollte. Ich kann
nur auf einige meiner Schriften hinweisen*) und will blos noch

---

*) Neue Theorie der Elektrizität und des Magnetismus in
ihren Beziehungen auf Schall, Licht und Wärme. 3. Auflage.
Berlin 1861.

Handbuch der Physik zur Selbstbelehrung für Jedermann.
2 Bde. mit 432 Fig. 2. Aufl. Berlin 1867.

Grundriss der Physik nach ihrem gegenwärtigen Standpunkte.
Für Gymnasien, Realschulen, polytechnische und Militäranstalten
so wie zu Repetitorien und zum Selbststudium. 4. Auflage.
Berlin 1869.

bemerken, dass der Weltäther in steter Wechselwir-
kung steht mit der Lage und den Bewegungen der
Stoffatome. Wenn der starre Magnetstab mit einem seiner
Pole einen anderen Magnetpol abstösst oder anzieht, jenachdem er ihm gleichnamig ist oder nicht; so haben die Stahltheile
als solche darauf gar keinen Einfluss, sondern die zweifache
Erscheinung wird nur bedingt durch die den Magnetismus be-
gründende Lage der Stahl-Atome und Molekel, an welcher der
Weltäther theilnimmt. Da nämlich der Weltäther alle
Körperatome umgibt, so muss er auch an allen Veränderungen ihrer Lage theilnehmen. Weil nun nach der bezüg-
lichen Theorie die Anziehung bei gleicher, die Abstossung bei
entgegengesetzter Lage der Molekel der beiden betreffenden
Körper stattfindet, so muss der zwischen den Körpern befindliche Weltäther durch die zwei Atomsysteme zu Querschwingungen angeregt werden, welche im ersten Falle einander unterstützen; im zweiten Falle aber zu solchen, welche
einander theilweise oder ganz aufheben. In jenem Falle wird
der Weltthäter wegen der verstärkten Querschwingungen
zwischen den Körpern eine verminderte Druckkraft besitzen,
also der grössere Druck die Körper zusammenführen; in
diesem Falle aber wird die Schwingungskraft des Weltäthers
zwischen den Körpern geringer sein, also der umgebende
Weltäther in diesen Zwischenraum eindringen und die Körper
von einander stossen. Die magnetischen oder elektrischen Körperstoffe sind also weder bei der Anziehung noch bei der Abstossung selbstthätig, sondern

---

Die Entstehung der Welt und die Einheit der Naturkräfte.
Populäre Kosmogenie. Berlin 1870. Der vierte Theil dieser
Schrift ist für unsern Zweck besonders wichtig.

sind passiv und folgen der im Weltäther liegenden inneren Urkraft für das ganze Weltall.

Wir müssen es also gestehen, dass die geheimnissvollen, man möchte fast sagen geisterhaften Erscheinungen, wie sie im Magnetismus und in der Elektrizität als Wirkungen in die Entfernung ohne irgend ein irdisches Zwischenglied sich zeigen, bisher durchaus noch nicht angemessen gewürdigt worden sind. Man staunt wohl, z. B. wenn man sieht, mit welcher bedeutenden Kraft ein starker Elektromagnet schweres oder beschwertes Eisen festhält und mit welcher heftigen Begier er die in seiner Nähe hingeworfenen Eisenstücke an sich reisst und festhält, und man glaubt dabei nach dem Augenscheine die Kraftquelle in den Magneten selbst versetzen zu müssen, weil man einen anderen Motor nicht sieht; aber eines nur fehlt dem Beobachter: das Denken. Es gehört nämlich ein nervenstarker Glaube dazu, jene Kraft immerfort noch in den Stahl selbst verlegen zu müssen, obwohl sie jahraus jahrein sich an denselben Magneten unverändert äussert, und man somit gedankenlos annehmen müsste, dass im Magneten eine unerschöpfliche Kraftquelle liege und dass somit eine Kraft sich selbst erzeugen könne, was unmöglich ist. Der stärkste Mann vermag es nicht, auch nur während einer Viertelstunde mit ganz gestrecktem Arme blos ein Glas Wasser in der Hand zn halten, weil seine Kraft nach und nach erschöpft wird, und so ist es in allen Fällen, in denen eine irdische Kraftquelle vorhanden ist. — Es tritt also auch hier eine überirdische Kraft auf, nämlich die in dem unendlichen Weltäther liegende, welcher ohne zu ermüden· die Eisenstücke zum Magneten hintreibt und sie an ihm festhält.

Ich musste dem selbst gegenwärtig unter den Fortschritten der Wissenschaften leider noch so wenig erkannten, wol aber häufig verkannten Weltäther hier eine etwas grössere

Aufmerksamkeit schenken, als es für den ersten Augenblick gerechtfertigt erscheinen möchte; aber ich hoffe im Folgenden zeigen zu können, dass ich die Geduld des Lesers nicht nutzlos und ohne entsprechende Entschädigung inanspruch genommen habe. Ich will am Schlusse dieses Abschnittes nur noch das in meiner populären Kosmogenie begründete naturwissenschaftliche Dogma anführen:

„Die ganze unendliche Welt als Innbegriff der im Raume vorhandenen Körper ist aus denselben nicht geschaffenen und auch nicht vertilgbaren Stoffen zusammengesetzt und wird von denselben unvertilgbaren Kräften getragen, welche von den einzelnen Atomen bis zu der unendlichen Menge oft ausserordentlich grosser Weltkörper nach denselben Gesetzen wirksam sind, in der Grösse ihrer Gesammtwirkung unveränderlich erhalten werden und ihren nieversiegenden Urquell im Weltäther haben, so dass dieser auch

der Urquell für Alles Sein und Werden ist."

Nachdem wir so den naturwissenschaftlichen Boden für unsere weiteren Untersuchungen aufgefunden und hinreichend geebnet zu haben meinen, gehen wir über zur Klarlegung des Verhältnisses von Gott und Welt imallgemeinen und von Gott und Mensch imbesonderen.

# Gott und Welt.

Es ist eine geschichtlich feststehende Thatsache, dass die
Vorstellung, welche ein Volk von Gott hat, seiner geistigen
Entwickelungsstufe vollkommen entspricht. „Wie der Mensch,
so sein Gott." Der Wilde hat einen anderen Gott als der
Halbwilde, dieser einen anderen als der Gebildete und der
tiefe Denker hat wieder seine besonderen Anschauungen von
dem Wesen Gottes\*). Desshalb geht auch die geschichtliche
Entwickelung der Religionen Hand in Hand mit der Geschichte der Menschheit überhaupt.

Weil die psychologische Natur aller Menschen dieselbe
ist, so begannen die Religionen fast durchgängig mit dem
Fetischismus, so dass sich in den verschiedensten Gegenden
der Erde auch ähnliche Religionsgebräuche entwickelten.

Nur bei Urmenschen und bei Menschen auf niederer Entwickelungsstufe herrscht die Religion der 'Furcht. In
einem höheren Zustande übernehmen bevorzugte Menschen

---

\*) Xenophanes hat uns dazu schon um das Jahr 540 v. Chr.
eine passende Erläuterung gegeben, indem er sagte: „Den Sterb-
lichen scheint es, dass die Götter ihre Gestalt, Kleidung und
Sprache hätten. Die Neger dienen schwarzen Göttern mit
stumpfen Nasen, die Thraker Göttern mit blauen Augen und
rothen Haaren und, wenn Ochsen und Löwen Hände hätten, um
Bilder zu machen. so würden sie Gestalten zeichnen, wie sie
selbst sind."

(Könige) eine Vermittelung mit Gott, aber immer noch in der Form der Knechtschaft. Erst später fühlen die Menschen überhaupt sich zur Gottähnlichkeit erhoben und es tritt die Liebe ein, welche beim Christenthume in dem Satze gipfelt: „Liebe Gott über Alles und Deinen Nächsten wie Dich selbst."

Es ist ein höchst verderblicher, von verkehrter Selbstsucht getragener Irrwahn, dass die Bekenner irgend eines Gotteskultus grade nur ihn als einen absolut vollkommenen und richtigen, jeden anderen aber als falsch ansehen. Jedes Religionsbekenntniss zeigte sich vielmehr bisher nur als ein Kind seiner Zeit und wurde von der Zukunft zugrabe getragen.

Dabei fehlt es hier wie in der organischen Natur nicht an Rückfällen zu früheren Zuständen. Man kann dabei aber dem .in China gebräuchlichen Ausspruche: „Die Religionen sind verschieden, die Vernunft ist nur eine", nur beistimmen.

Schon bei den Thlinkithianen (im früheren russischen Amerika) begegnen wir dem Mythus der Gottessohnschaft, auf welche das Christenthum zurückging. Wir müssen es leider auch bekennen, dass die religiösen Anschauungen selbst schon um das sechste Jahrhundert vor Christus (Confucius, Zoroaster, Buddha, Lao-tse) zum Theil viel edler und reiner von grobem Materialismus waren, als im heutigen Christenthume, so dass es auch in dieser Beziehung als eine Rückfallserscheinung anzusehen ist.

Zoroaster, welcher seine Religionsbücher in der Sprache des Zendvolkes schrieb, fragt den Ormuzd, den Herrn des Lichtes, wer er sei, und er antwortet: „Mein Name ist Grund und Mittelpunkt aller Wesen, höchste Weissheit und Wissenschaft, Zerstörer der Weltübel (!) und Erhalter des All, Fülle der Seligkeit, reiner Wille!" In Zoroasters Lehre spielt das

4

Zeruane-Akerene, dass ist das unbegränzte, unerschaffene All, die Hauptrolle; aus ihm sind Licht und Finsterniss, das Gute und das Böse entstanden, es ist das πᾶν und das ἕν Platos.

Im Buddhaismus, der verbreitetsten unter allen Religionen, ist das Nichts das Prinzip aller Dinge. Alles ist aus ihm (eigentlich aber durch dasselbe) hervorgegangen und kehrt auch dahin zurück; es ist in ewiger Ruhe und in sich unveränderlich, ohne (bewussten) Willen. Diese leere Einheit ist dass Jenseits unseres Geistes — eine Einheit des Geistigen und Natürlichen.

In den Tiefen dieser Gedanken werden wir erst im weiteren Verlaufe unserer Untersuchungen hinabsteigen; sie sollten nur zur vorläufigen Aufdeckung des grossen Kontrastes zwischen den altorientalischen und neuchristlichen Anschauungen dienen.

Bei den Arabern fand sich schon lange vor Muhamed der Monotheismus ohne die absolut unverdauliche Dreieinigkeitslehre*) des Christenthums, welche in der That ein Fort-

---

*) Die Dreieinigkeitsidee, in welcher ein gutes Stück Heidenthum liegt, scheint nur aus Nützlichkeitsrücksichten entstanden zu sein. „Es wäre imlaufe der Zeiten eine durchgreifende Spaltung in Gottchristen (Arianer), Jesuchristen (Katholiken) unb Heiligegeistchristen (Manichäer) eingetreten, wenn schlaue Priester nicht alle drei vereint und in der Vorstellung von der Dreieinigkeit die Einheit des Christenthums gerettet hätten?"

Uebrigens ist nicht Christus der eigentliche Gründer der aus der Sekte der Essäer hervorgegangenen neuen Religion, denn seine Gemeinde lebte nach seinem Tode noch nach jüdischer Weise und nach jüdischen Gesetzen (Beschneidung), es waren Juden-Christen; erst Paulus (früher Saulus genannt) wurde Gründer des Heiden-Christenthums. Damit soll aber dem Christus

schritt nicht ist. Es ist u. a. von Hegel eine optimistische und durch die Thatsachen offenbar widerlegte Auffassung des Christenthums, wenn er u. a. sagt: „Die Natur Gottes, reiner Geist zu sein, wird dem Menschen in der christlichen Religion offenbar."

Der freilich als Unchrist bei den Theologen besonders wegen seines „Nathan" verhasste Lessing sprach aber die Hoffnung aus, dass es dem Menschengeiste durch eifriges Denken, also nicht durch eifriges Glauben, wie es das Christenthum in ganz hervorragender Weise verlangt, einst gelingen werde, zur Erkenntniss der Gottheit zu gelangen.

Der persönliche Gott ist eine überlieferte Gefühls- und Glaubensangelegenheit ohne jede thatsächliche Grundlage und er ist auch nicht eine nothwendige Bedingung für ein sittenreines und menschenwürdiges Leben. Wenn man gegenwärtig eines solchen Gottes für das Volk noch nicht entbehren zu können meint, so ist dieses nur ein trauriges Zeichen von dem geistig noch sehr niedrigen Standpunkte desselben, so dass ihm jedes Verständniss für tiefere Wahrheiten noch abgeht. Wäre die Freiheit der Entwickelung der Völker durch privilegirte Kasten nicht vonjeher gehemmt worden, so würden wir nach so langem Ringen heute schon weiter sein in der Erkenntniss der Wahrheit.

Die Orthodoxie hat bei den wunderbaren Erscheinungen in der ganzen Natur und bei den überwältigenden Eindrücken, welche die meisten auf das Gemüth machen (wie die Pracht des Regenbogens und Polarlichtes, der blen-

---

die kulturgeschichtliche Sendung nicht geschmälert werden. Er verwandelte die jüdische und sklavische Furcht vor Gott in Liebe zu Gott und den Mitmenschen.

4*

dende Glanz des Blitzes, das Rollen des Donners, die Grauen
der Erdbeben u. s. w.) im Volke, wenn sie von einem persönlichen Gott spricht, so lange ein leichtes Spiel gehabt,
als die geistige Stufe desselben eine nur noch niedrige war.
Von den Gewande dieses Gottes fällt aber ein Stück nach
dem anderen mit dem Auftreten der exacten Wissenschaften
und es tritt dafür ein unpersönlicher allgewaltiger Gott
auf, welcher mit dem Kleide der Wahrheit angethan, nicht
blos gegenstandlose Gefühle, sondern auch den Verstand,
und zwar so stark befriedigt, dass wir auf die Irrwege der
Abgötterei nicht mehr kommen können, und die Verketze-
rungssucht der Priesterschaften ihren Boden verliert. Diderot
(starb 1784) hat vollkommen recht, wenn er sagt: „Der erste
Schritt zur Philosophie ist der Unglaube“. Wie Wenige
wagen es heute noch, diesen Schritt zu thun!

Wir erkennen in der ganzen Natur niemals ein Schaffen
eines persönlichen Gottes, eines „Schöpfers Himmels und
der Erde“; sondern überall nur schrittweise Entwickelung
nach Naturgesetzen. — Die Naturgesetze aber sind theils durch
die induktive Methode gewonnen, theils durch mathematische
Schlüsse entdeckt worden. Erfahrung und Wissenschaft unterstützen einander um die Naturgesetze zu erkennen und aufzustellen. Sind aber dieselben als unfehlbar richtig erkannt,
so kann man an ihrer Hand die Welt synthetisch aufbauen,
Stein zu Stein fügen und Schritt für Schritt nicht blos die
Vergangenheit ableiten, sondern auch einen Blick in die Zukunft thun, weil die Naturgesetze ewig giltige und unerbitt-
lich zwingende Gesetzgeber sind.

Jeder Weltkörper, welcher aus zerstreuten Stoffen sich
gebildet oder von einem grösseren Ganzen sich losgesagt
hat, erfährt eine Steigerung seiner Organisation; es treten die
Atome der verschiedenen Stoffe theils zueinander, theils von

einander; die Urbildungen zeigen sich nur krystallinisch mit mathematisch fester Gestaltung; nach ihrem theilweisen Zerfallen entstehen organisirte Wesen mit einem durch die Bewegung der Stoffatome bedingten Formenwechsel im Inneren und Aeusseren oder mit organischem Leben.

Mit der allmäligen Entwickelung eines Weltkörpers verändern sich zwar die Organismen auf ihm und es entsteht nach und nach eine wunderbare Mannigfaltigkeit, aber stets mit der Zurückweisung auf einen einheitlichen Ursprung. Jedes Einzelwesen auf einem Weltkörper entwickelt sich stets nur aus einem unscheinbaren Anfange, welcher bei den organischen Wesen nicht ein Krystallkern, sondern eine Zelle ist. In diesem Falle verändert es sich wachsend in seiner Wesenheit: es besteht, altert, stirbt einst ab als selbstständiges Lebewesen, gibt aber seine Stoffe her zu einem neuen oft ganz veränderten Leben mit einer im Kampfe ums Dasein erlangten veränderten, meist vollkommneren Organisation.

Auf diese Weise hat auch jedes organische Geschlecht seine Entstehungs- und Lebensgeschichte, und bietet schliesslich auch nur Stoff zu Neugestaltungen in aufsteigender Stufenfolge dar. Wie jeder einzelne Mensch physisch und psychisch wenigstens andeutungsweise die früheren Entwickelungsstufen seines Geschlechtes bis zu sich selbst in der kurzen Zeit seiner Lebensdauer durchwandert*), so durchlebt auch die ganze Menschheit in einer langen Periode eine ähnliche Entwickelung, deren Nachweis der Philosophie der Geschichte angehört.

So ist also die Welt und mit ihr der Mensch nicht

---

*) S. Ph. Spiller: *Homo sapiens.* Der Mensch nach seiner körperlichen und geistigen Entwickelung S. 31 und ff.

geschaffen\*), am wenigsten aus Nichts, sondern sie hat
sich in äusserst langen Zeiträumen naturgesetzlich
entwickelt, ist und bleibt in einer fortwährenden Umgestaltung.

Es ist natürlich, dass bei der organischen Entwickelung
der Menschheit das Seelenleben zuerst und sehr bald
durch die Gefühle und viel später erst durch den Verstand sich zum Ausdrucke brachte. Aus dem ersteren ent-
sprangen die nach den Umständen verschiedenen Anschauungen von dem weltregierenden Wesen und den Arten
seiner Verehrung. Es war viel leichter sich irgend eine
Vorstellung von Gott zu machen und für ihn irgend einen
Kultus zu erfinden, als das Denken zu entwickeln und durch
mühevolle Denkarbeit höhere Stufen des Menschenthums zu
erklimmen. Ja, Fühlen und Denken schliessen einander häufig

---

\*) Wenn der mitrecht' so berühmte Egyptologe Professor
Dr. Heinrich Brugsh sagt, die Lehre von der Abstammung des
Menschen leide an zwei Fehlern „an ihrer zarten Jugend und an
der Begeisterung ihrer zahlreichen Jünger", so muss man auf den
Gedanken kommen, dass H. Brugsh selbst als vollendeter Mann
geboren worden ist. Es ist der Fluch einer einseitigen Geistes-
richtung, wenn B. ferner sagt: „Der Mensch ist eine Kreatur
(Geschöpf) der unerforschlichen göttlichen Allmacht, er hat
zu allen Zeiten der Würde dieser Abstammung entsprochen
und wird es thun, so lange der Name Mensch existiren wird.
Sein Geschlecht auf die Fratze des Affenthums zurückführen,
hiesse die Zwecke der Allmacht vollkommen verkennen und
dem Zufall anrechnen, was Ausfluss der höchsten Weisheit
ist." Da haben wir den wundergläubigen Mann wie er im Buche
steht! Mit so angelegten Naturen vermag die exacteste Naturwissenschaft nichts auszurichten. Wer vom Wunder ausgeht oder
beim Wunder anlangt, mit dem ist nicht zu rechten. Er darf
sich nicht rühmen, von der Natur etwas zu verstehen. Solche
Männer richten mehr Unheil an als sie ahnen.

nicht blos aus, sondern treten einander feindlich gegenüber. Fühlen ist die Mutter des G l a u b e n s , Denken die Mutter des Wissens.

Daher stehen heute noch inbetreff der Weltordnung zwei feindliche Lager einander schroff gegenüber. In dem einen g l a u b t man, dass die Welt durch einen schaffenden persönlichen Willen so, wie sie jetzt ist, hervorgegangen sei und so in alle Ewigkeit von ihm werde regiert werden; in dem anderen w e i s s man, dass es eine Weltengeschichte gibt, dass imlaufe von Millionen von Jahren gewaltige Entwickelungsprozesse stattgefunden haben und dass sie immerfort noch in kleinerem Massstabe stattfinden.

Die Gläubigen verlangen eine hingebende Unterordnung und völlige Entsagung von aller selbstbewussten Forschung, die Forscher aber eine auf die exacte Wissenschaft begründete Prüfung aller Verhältnisse. Jene gehen leider nicht selten ohne den Gedanken an den eigenen Vortheil von der Ansicht aus, dass nur die Demuth der Massen zum Heile für die Menschheit führen könne; diese aber erwarten die Hebung der Gesittung und des. allgemeinen Menschenwoles von der Weckung aller Verstandeskräfte.

Dieser schroffe Gegensatz geht schon Jahrtausende durch die Geschichte der Menschheit und hat zu den traurigsten Folgen geführt: Die Einen haben geduldet und gelitten für Glaubensphantome, die Anderen haben geduldet und gelitten für die W a h r h e i t und sind selbst heute noch den Verfolgungen ihretwegen ausgesetzt; ja die Verdammungsurtheile gegen die Wissenschaft werden wieder mit einer gewissen Kühnheit in die Welt geschleudert und das berüchtigte Wort eines christianisirten Juden: „Die Wissenschaft muss zurück,“ trägt seine Unkrautfrüchte über die christliche Welt. Es ist für einen eifrigen Menschenfreund wirklich be-

trübend wahrzunehmen, dass es die Christenheit nach fast
2000jährigem Ringen noch nicht weiter gebracht hat, als
bis „zum apostolischen Glaubensbekenntnisse*). Man muss
wol erstaunt darüber sein, dass Menschen (Orthodoxe, Reaktionäre u. s. w.) am Irrthume so starr festhalten und ihn so
eifrig vertheidigen können. Es ist dieses natürlich, denn sie
machen keine falschen Schlüsse, aber sie gehen zufolge eines
unbewussten Denkprozesses von falschen Voraussetz-
ungen aus. Daher sind solche Richtungen, zum grossen
Nachtheile der Entwickelung der Menschheit, so schwer aus-
zurotten. Bei einseitigen Studien und Beschäftigungen kon-
zentrirt sich die Gesammtanlage des Menschen auf den vorliegenden Zweck; daher schreiben sich nicht bloss die hervorragenden Leistungen im Schlechten oder im Guten, sondern
auch der Mangel jeder Anerkennung fremder Richtungen
und sogar die feindselige Stellung gegen sie. Wir haben es
daher nicht selten tief zu bedauern, dass ein guter Kopf eine
schlechte Sache vertritt, ohne gradezu ein Heuchler zu sein.

Ich mag mich in der ganzen Geschichte der Menschheit
umsehen wo ich will, ich finde nirgends, dass die sittliche
Weltordnung durch den todten Glauben gefördert worden
ist; ich finde vielmehr, dass die Menschheit dadurch mehr
und mehr zerfällt, dass Hass und Verachtung gegen Anders-
gläubige schon in die Herzen der unschuldigen Jugend gepflanzt, dass, wenn nicht der Fanatismus der Massen, so doch
deren Stumpfsinn befördert wird, der sie unfähig macht, sich
selbst zu erkennen und für sich selbst zu sorgen.

Aber nicht Aufklärung und wahre Bildung sind zu fürchten,

---

*) S. Ph. Spiller: Drei Lebensfragen für Staat, Schule und
Kirche. Berlin 1871. S. 48.

sondern die Dummheit der verwilderten Massen, die das Gebot
der Vernunft nicht kennen, wie es so viele Erscheinungen der
heutigen sozialdemokratischen Bewegung, die ja unter den
Augen und unter dem Einflusse der Orthodoxie herange-
wachsen und grossgezogen worden ist, so klar beweisen.

Die meisten Religionen haben thatsächlich sich bisher
als kulturfeindlich bewiesen und es ist wirklich nur ein gedankenlos sich hinschleppender Irrthum, wenn man meint,
dass nur das Christenthum in den mehr als 1800 Jahren
einen Theil der Menschheit, nämlich der Christenheit, auf
die jetzige Bildungsstufe gehoben habe und dass auch nur
das Christenthum fähig sei die Menschheit den höheren
Zielen entgegen zu führen. Selbst sonst achtungswerthe
Leute sind von diesem Spleen besessen, der bei Vielen in
Bekehrungsfanatismus ausartet. Wenn im Christenthume die
enorme Bildungskraft läge, die man ihm von manchen Seiten
zuschreibt, so sehe ich gar nicht ein, weshalb man dann
statt der alten Klassiker nicht blos die Bibel, dieses von
simplen Menschen zusammengestoppelte und confuseste aller
Bücher, gelesen hat. Diese sogenannte „heilige“ Schrift
würde uns nach meiner tiefsten Ueberzeugung ganz anders-
wohin geführt haben; der heutige Bildungsgrad wäre absolut nicht vorhanden. Bibelgesellschaften sind ein Angriff
auf die gesunde Entwickelung der Menschheit.

Wie urtheilen asiatische Männer über solches Gebahren?
Zu dem Professor des Sanskrit Dr. Haug am brittischen
Kollegium zu Puma (Präsidentschaft Bombay) sagten Brah-
manen inbetreff des fanatischen Religions- und Bekeh-
rungseifers der Christen: „dieser Fanatismus ist ein deut-
liches Zeichen von Geistesschwäche und Bornirtheit. Ein weiser Mann verfolgt Niemanden seiner religiösen Ansichten wegen.“ Ferner: „Ihr macht Euch ganz ab-

hängig von Gott, wir dagegen vertrauen uns selbst. Das Christenthum kommt von einem fanatischen Volke, welches eine entschieden tiefer stehende Menschenrasse als wir ist, ohne alle philosophische Ideen, wenn sie nicht erborgt sind; einem solchen Glauben fügen wir uns nie." Es steht geschichtlich fest, dass ganz Asien schon lange vor dem Christenthume die Prinzipien der Liebe und eine Weltreligion nicht ohne zumtheil bessere Formen hatte als das Christenthum. Dessen ungeachtet die landläufige Selbstvergötterung desselben. Wir haben Grund uns zu schämen.

Erst vor einiger Zeit sagte Labu Partâs Tschander zu Madras in einer feurigen Ansprache an versammelte Hindus u. a.: „Es gibt allerdings eine Anzahl von Religionen, einige Grundsätze werden indess von allen anerkannt: dass Gott Aller Vater und die Menschen Brüder sind, dass wir uns dem Allmächtigen unterwerfen müssen, dass wir nach dem Tode zu einem ewigen Leben eingehen. Ich halte insofern eine Universalreligion für möglich, wenn sie auf diese Prinzipien sich gründet." — In Japan hat der Mikado die hervorragendsten Männer aller Religionssekten in diesem Sommer zusammenberufen, damit sie gemeinsame, für alle verständigen Leute annehmbare Religionsgrundsätze zusammenstellten. — Ist der preussische sektirerische OberKirchenrath nicht wüthig über ein so blasses Nivellement? Schopenhauer meint aber in geistreicher Weise: „Die Religionen sind wie die Leuchtwürmer; sie bedürfen der Dunkelheit um zu glänzen." Inderthat stehen solche Geister in einer Zeit mit so glänzenden Fortschritten auf anderen Gebieten vollkommen als Fremdlinge da.

Die Religionen begnügten sich bisher mit dem, was durch irgend eine, gleichgiltig mit welchem Rechte, als vollgiltig anerkannte Autorität äusserlich geoffenbart worden ist. Da

haben wir denn eine geoffenbarte Religion von oft
sehr zweifelhaftem Werthe. Die Kirchen, d. h. ihre Träger, wollen aber dann Alles nur durch den Autoritäts-Glau-
ben erzwingen, dulden keinen Widerspruch und maasen sich
sogar in wirklich staatsgefährlicher Weise ein Strafrecht gegen
die Selbstdenkenden an.  Aber wir sollen als vernunftbegabte
Wesen denken ohne zu glauben, nicht glauben ohne zu
denken.  Schiller sagt: „die goldene Zeit der Geistlichkeit
fiel immer in die Gefangenschaft des menschlichen Geistes".

Die grössten Geister unter den Völkern haben vonjeher
die Volksreligionen weit überflügelt, Religionen, unter deren
Fittigen völkerbethörende Gaukeleien betrieben und die grössten Gräuel verübt wurden.  Man rechnet, dass in etwa 1100
Jahren das christliche Gewissen, nicht etwa die absolute Moral,
gegen 9 Millionen Menschen als Zauberer, Hexen u. s. w. verbrannt oder umgebracht hat.  Das Gewissen aber ist nicht der
Ausdruck der absoluten Moral, sondern es hängt mit dem je-
weiligen Gottesglauben zusammen, er mag noch so bornirt
sein.  Die Moral selbst wächst nur mit der wahren Bildung,
da sie auf der gegenseitigen Achtung der Rechte und des
Glückes Anderer beruht. — Die positiven nur auf Glaubens-
phantomen beruhenden Religionen sind meist nur der Ausfluss
der Unwissenheit; je grösser diese ist, desto mehr wächst der
übernatürliche, räthselhafte, gedankenlose Zauberapparat
mit welchem die Priesterschaft das Volk umnebelt.  Also
Sittlichkeit oder Moral haben ihrem Wesen nach mit den durch
blosse Glaubensartikel getragenen Religionen gar nichts
zu thun.*)

---

*) Es gibt Völkerschaften, z. B. die Samlos in Südamerika,
welche ohne jede positive Religion leben, bei denen aber schwere
Verbrechen zu den grössten Seltenheiten gehören, und nach Dr.

In dem Streite um die leeren Formen der Religionen ging und geht fortwährend noch der grossen Masse das Bewusstsein von dem Wesen und dem Kerne der absoluten Religion oder der Religion an sich gar nicht auf. Die Religionen beruhten bisher nur auf menschlich einseitigen Anschauungen; sie sollten aber mehr und mehr auf Erkenntniss gegründet sein. Niemand indess hat das Recht die Anschauungen Anderer zu verdammen, wenn er selbst, sich einer anderen Anschauung hingebend, noch tief unter dem Ideale wahrer Erkenntniss steht.

Die Ainos auf der Insel Sachalin z. B. verehren wie die Giljaken u. a. den Bären als Gottheit, ernähren ihn gut und verzehren ihn endlich. Das Bärenfleisch ist ihnen offenbar das Sanktissimum der Katholiken und der Christen überhaupt. Ob nun jene das Bärenfleisch mit einem weniger überspannten Gefühl geniessen, als diese das ungesäuerte Brot, mag dahin

---

Schweinfurth ist in Fes und anderen muhamedanischen Ländern das Vertrauen in die Ehrlichkeit so gross, dass die Leute ohne irgend eine Gewähr einander die Waare anvertrauen, selbst wenn der Empfänger wenig bekannt ist und in entfernte Länder reist.

Die reinen Indianer der Hochebene von Peru und Bolivia zeichnet Geschicklichkeit und Ehrlichkeit aus, dem christlich gemachten Cholos (eine Mischrasse mit Europäern) kann man dieses nicht nachrühmen, denn Trunksucht, Diebstahl, Faulheit sind ihre Kerntugenden und die Missionäre selbst sind so unbefangen zu meinen, dass Bildung für sie nicht nöthig sei. — K. F. Appun behauptet als gediegener Gewährsmann, dass der Charakter der Indianer in Brittisch Guayana in jeder Beziehung besser sei, als der christlich gemachten. Sie sind die denkbar faulsten Geschöpfe (die Biblischen Lehren ermuntern ja zur Faulheit und Armuth!), aber Kirchenfeste besuchen sie sehr regelmässig und stürzen sich sinnlos sogar in Schulden, um sie möglichst glänzend zustande zu bringen und sich dann einem sinnlosen Trunke zu ergeben.

gestellt bleiben; es gewährt ihnen aber eine hinreichende re li-
giöse Befriedigung, die der Ausgangspunkt einer vielleicht ebensosehr oder ebensowenig wirksamen Moral ist als
bei den Christen. Es steht indess nicht blos geschichtlich und
thatsächlich fest, sondern es liegt auch in der Natur der Sache,
dass die Form der Gottesverehrung auf den wahren
Werth des Menschen ohne allen Einfluss ist. Nichts
desto weniger werden wir in ethischer Beziehung nicht allen
Formen eine gleiche Berechtigung beilegen: ihr Werth ist
nämlich um so höher, je mehr der Kultus sich lossagt und fern
hält vom rohen Materialismus. Nur das rechte Gottesbewusstsein wird uns die rechte Form der Gottesverehrung andiehand geben. Wenn wir erst das Wesen Gottes
erfässt hätten, dann würden wir als verständige und vernunftbegabte Menschen nicht zweifelhaft sein, wie unser Gott ge-
bührend zu verehren, welcher Kultus ein Gott und Menschen
zugleich entsprechender sein würde.

Das Christenthum wie auch alle anderen Kulte haben ihre
Dienste gethan, sie unterliegen den Gesetzen der geistigen
Entwickelung in der Menschheit und haben für hervorragende
Geister schon lange nur als Uebergangsperioden einen ge-
schichtlichen Werth gehabt. Wir beginnen aber in ein neues
Entwickelungsstadium zu treten, welches uns moralisch besser
und schneller zu fördern verheisst, als die bisherigen mit Glau-
bensphantomen umnebelten Bekenntnisse. Freilich ist man
vorläufig noch in ein gefährliches Extrem verfallen. Die Ver-
götterung des Körperstoffes, wozu einige Naturforscher
beigetragen haben, wäre Pantheismus in seiner verwerflichsten
Gestalt. Wenn aber die einheitliche Kraft für das Weltall
zufolge streng wissenschaftlicher Forschungen in ein
einziges anderes Agens gesetzt werden dürfte, so wäre dieses
der reinste Monotheismus, welcher sich denken lässt und auf

welchen die Naturwissenschaften mit unwiderstehlicher Gewalt hindrängen. Wenn wir die ganze physische und psychische Natur und Welt als das Werk seiner Wirksamkeit erkennen, und wissen, dass dieses Agens allein der unfehlbare Gesetzgeber des Weltalles ist, dann werden wir einen nur auf die Wahrheit gegründeten Kultus errichten können, dem endlich die ganze herangebildete Menschheit huldigen muss, weil ihre natürliche Organisation überall dieselbe ist. Die Zeit aber, in welcher nur ein Hirt und eine Herde sein wird, liegt wol noch sehr fern. Dafür sorgen schon die Glaubensfanatiker in der Unzahl von Religionssekten.

Die Religion überhaupt ist das Erfülltsein unseres Geistes mit Gottesbewusstsein und zwar zunächst selbst ohne Kenntniss der Substanz oder des Wesens von Gott, sondern nur in der Erkenntniss seiner Attribute: Allgegenwart, Allmacht, Schöpfer, Erhalter und Regierer der Welt nach ewig giltigen Vernunftgesetzen, welche nur allweise und gerecht sein können; Gott ist daher ein „gerechter Richter", und „liebt alle Menschen".

Ist aber unser Geist mit Gottesbewustsein erfüllt, so werden wir selbst in der Lebens- und Geistesgemeinschaft mit Gott nur solche Handlungen vornehmen, welche in Uebereinstimmung mit Vernunftgesetzen sind, der Menschenwille soll mit dem Weltwillen, der in der Vernunft seinen Ausgangspunkt hat, zusammenfallen. Geschieht dieses, so haben wir das „Wolgefallen Gottes".

Wenn wir also den einen wahren Gott, also nicht etwa blos den Gott der Juden, der Muhamedaner, der Katholiken, der Protestanten und aller Religionsbekenntnisse überhaupt gefunden hätten, so würden wir den einen Mittelpunkt für die ganze Menschheit entdeckt haben und könnten dann den Grund zu einer Universalreligion legen, welche dem

Sturme der Meinungen nicht ausgesetzt wäre und keine Veranlassung geben würde, dass sich Religionssekten so wahnwitzig verfolgten, wie es jetzt der Fall ist.

Wir stellen also die unendlich wichtige und tiefgreifende Frage auf: Wer ist in wahrheit Gott? Wer führet das Scepter des unendlichen Weltalls von Ewigkeit zu Ewigkeit? Wer lässt den Grashalm und den Wurm wachsen? Wer hat uns und alle Geschöpfe überhaupt erzeugt? Wer regieret mit unendlicher Kraft und mit strengem Gesetze alle die grossen und kleinen Welten? Wer hat die Liebe in unser Herz gepflanzt und die Sehnsucht nach jenen „himmlischen Freuden", nach der Ruhe in „jener Welt"?

Wir dürfen nicht hoffen, diese unendlich wichtige Frage, welche die tiefsten Forscher aller Zeiten so lebhaft beschäftigt hat, mit einem Schlage beantworten zu können; wir müssen vielmehr Schritt für Schritt an dem sicheren Ariadnefaden der Naturwissenschaft, welche sich ja mit den Werken „des Schöpfers", also mit Gott, beschäftigt, durch das Labyrinth der Meinungen und Ansichten zur Klarheit der Erkenntniss zu gelangen und den Schleier des Bildes von Sais zu heben suchen, um, zum Entsetzen der Finsterlinge, die Wahrheit in ihrem Strahlenglanze endlich zu erkennen.

Lassen wir zunächst noch einige Streiflichter auf den Weltprozess fallen!

Der Prozess eines werdenden, im wechselvollen Dasein bestehenden und endlich in seiner Individualität untergehenden Weltkörpers und Weltkörpersystems hat sich nach vorliegenden Beobachtungen im Weltraume sicher schon oft abgespielt; ob aber jede Neugestaltung in gleicher oder in veränderter Weise vor sich gegangen ist und gehen wird, lässt durch Thatsachen sich nicht bestimmen, da wir selbst in den Aeonen von Zeiten nur Eintagsfliegen sind. Die Erscheinungen auf unserem Planeten lassen auf beide Fälle schliessen. So viel aber steht unwiderruflich fest, dass der ganze Weltprozess im Kleinen wie im Grossen ein gesetzmässig logischer war und bleiben wird. Die Welt ist eine ununterbrochene Schöpfung, sie ist und bleibt in einem ewigen Werden und nicht in einem starren Sein, denn der Gleichgewichtszustand aller Stoffatome ändert sich fortwährend, ohne dass man mit v. Hartmann von einem „Atomwillen" reden darf. Wenn v. Hartmann ferner meint, dass die Materie aufgelöst sei in „Wille und Vorstellung" und dass somit „der radikale Unterschied zwischen Geist und Materie aufgehoben sei"; so ist dieses nach den bisherigen Begriffen von der Materie als den Stoffen der sichtbaren Körperwelt durchaus falsch.

Dagegen ist Schellings Ausspruch: „Jenseits der Materie ist die reine Intensität, die den Begriff der „Action" enthält, und diese „kann nicht als ein Theil der Materie (nämlich im gewöhnlichen Sinne) angesehen werden", vollkommen richtig, und wir würden uns für befriedigt erklären können, wenn uns Schelling nur die aktive Intensität genau bezeichnet hätte; er sagt und weiss davon gar nichts.

Es gibt eine Kraft ausser den Atomen; letztere selbst zu Automaten zu machen ist einer der gefährlichsten Missgriffe, welchen Forscher bisher begangen haben, denn sie geben den Feinden des Materialismus eine gewaltige Waffe in die Hand.

Der rohe Materialismus lässt auch ferner alle geistigen Thätigkeiten nur von dem Gehirn abhängig sein, der Spiritualismus aber nur von einer Substanz oder von einem immateriellen Wesen ausserhalb des Körpers. Wir werden aber finden, dass die Wahrheit auf keiner dieser beiden Seiten ist; wir werden vielmehr die irdische Materie des Gehirns von einer überirdischen als beeinflusst ansehen und werden eine gegenseitige Wechselwirkung und Uebertragung zwischen beiden erkennen, wobei der ausserirdische Stoff der ursprünglich thätige und der irdische nur der Gegenstand der Thätigkeit ist. Geistesthätigkeit ist aber in den organischen Stoffen nur während ihrer lebendigen Wechselwirkung, d. h. während des Körperlebens vorhanden.

Der Weltprozess besteht in einem fortwährenden Kampfe des Logischen gegen das Unlogische, des Gesetzmässigen gegen das Gesetzlose, der Vernunft gegen die Unvernunft und endet endlich mit der Besiegung der letzteren. v. Hartmann sagt, die Idee des Weltprocesses sei eine Anwendung des Logischen auf das „leere Wollen." Aber durch den „Willen an sich" oder das leere Wollen kann man eine äussere Wirkung nicht erhalten. Der Wille vermag selbst nicht auf die Vorstellung zu wirken. Uebrigens ist das leere Wollen ohne Erfüllung eine Qual.

Spinoza (geb. 1632) nimmt eine die ganze Natur durchdringende Denkkraft, die „Substanz" an und meint, dass der menschliche Geist ein Theil eines gewissen unendlichen Verstandes sei, dass er aber nur während der Lebensdauer des Körpers bestehe und beim Zerfallen desselben in das All zurückkehre. — In diesen Worten des tiefen Denkers liegt theils eine, wenn auch noch unklare, Hinweisung auf die eine Urkraft des Weltalles, theils eine Zurückweisung des eitlen Gedankens an eine persönliche Unsterblichkeit.

Die „Substanz" Spinozas ist wesentlich das „Unbewusste" v. Hartmanns. Dieser sagt u. a. „das im Thier- und Pflanzenreiche wirksame Princip ist die Kraft des Unbewussten" und: „das Unbewusste ist die Ursache aller derjenigen Vorgänge in einem organischen und Bewusstseinsindividuum, welche eine psychische und doch nicht bewusste Ursache voraussetzen." Schade nur dass das Wesen dieses „Unbewussten" ein Nebelhaftes bleibt und dass ihm nur die psychischen Erscheinungen zugewiesen werden, während es doch auch alle organischen und unorganischen Körper gestaltet.

Weil die Welt eine mit ewiger Schrift in Flammenzügen geoffenbarte Vernunftidee ist, so sagt Hegel mitrecht: „was vernünftig ist, das ist wirklich, und was wirklich ist, ist vernünftig," und: „das was ist, ist die Vernunft." Aber, wir müssen fragen: ist es blos eine Idee, welche sich als Vernunft in der physischen und geistigen Welt offenbaren kann? Die Idee als solche ist absolut machtlos.

Wenn wir die nur dunkle Ahnungen enthaltenden Aussprüche auch hervorragender Philosophen durchmustern, so ist uns der einheitliche Begriff des Weltenbeherrschers dadurch noch nicht klar geworden.

Linné z. B. spricht von einem Wesen aller Wesen, einem Urheber aller Wirkungen, einem Baumeister, einem Regierer des Weltalls und sagt: „Wer dieses Wesen (dieses *infinite ens*) einen Regierer der Welt nennt, irrt nicht, wer es Erzeuger nennt, irrt nicht, wer es Vorsehung nennt, nennt es recht; denn die Welt entfaltet nach seinem Rathschlusse ihre Thätigkeit."

Oersted dringt etwas tiefer ein, wenn er das ganze Dasein ein Vernunftreich nennt und weiter sagt: „eine von der Vernunft durchdrungene Naturanschauung zeigt uns das ganze Dasein als ein unendliches, ewiges Werk der lebenden Vernunft, die wir inbeziehung auf ihr Selbstbewusstsein Gott nennen.

Wir werden imverlaufe unserer Untersuchungen aber erkennen, dass weder von Rathschlüssen, noch von Selbstbewusstsein bei unserer einheitlichen weltbeherrschenden Kraft die Rede sein kann.

In den bisherigen Anschauungen verschwimmt Klares mit Unklarem, Wahres mit Falschem noch so sehr, dass wir eigentlich immer noch rathlos dastehen. Was sind Platos Ideen? Was ist Hegels absolute Idee oder das reine Sein? Was ist Schopenhauers Wille, Schellings Potenz an sich (Wille an sich) oder Subjekt-Objekt? Was ist Spinozas Ursubstanz mit unendlichem Denken, Kants Ding an sich? Was endlich v. Hartmanns Unbewusstes?

Oken's Anschauungen sind oft ebenso geistreich als widerspruchsvoll. Wenn er sagt: „es ist Alles Gott, was da ist," so ist dieses doch der verwerflichste Materialismus, in welchem wenig geändert wird, wenn er an einer anderen Stelle bemerkt: „die Materie ist das lebende Gewand Gottes." Zu einer tieferen Anschauung aber erhebt er sich, wenn es heisst: „der Aether ist der göttliche Leib" und: „Gott und Aether sind identisch." Es ist zu bedauern, dass diese in die Nacht der verworrenen Ansichten kühn geschleuderten Gedankenblitze nicht aus dem Feuer der Wissenschaft hervorgegangen sind oder ihre volle Rechtfertigung bei ihr finden.

Die iranische Religion sieht den unendlichen Raum (thwâsha) als Gottheit, und ein Theil der Eranier sogar als oberste Gottheit an. Darin läge aber ein grosser Fehler, wenn man den leeren Raum, welcher absolut kraftlos ist, als Gottheit ansehen wollte.

Die semitischen Religionen späterer Zeiten weisen auf einen Monotheismus hin.

Dagegen ist Büchners Ausspruch (Kraft und Stoff, 1. Art. S. 93): der Stoff ist die Alles gebärende und Alles wieder in sich zurückziehende „Mutter" ein durchaus unannehmbarer Materialismus, wenn wir die gewöhnlichen Körperstoffe verstehen, wie es nach Büchners ganzer Auffassungsweise nicht anders sein kann. (Ich will übrigens Büchners grosse Ver-

5*

dienste nicht herabsetzen, denn er hat mächtige Funken in die
Finsterniss des Volkes geschleudert.)

v. Hartmann spricht mit seinem „Unbewussten" eigentlich
am offensten den Zustand der heutigen Forschung aus.

Das ruhelose Ringen der philosophischen Geister nach der
Erkenntniss der einheitlichen Kraft für die Welt mit allen
ihren Erscheinungen liess zwar die Hoffnung durchschimmern,
dass es der exakten Wissenschaft einst gelingen werde, den
einen wahren Gott des Weltalls zu entdecken, und dem
theologischen, weltzerfleischenden Irrwahne somit den Lebens-
faden abzuschneiden; aber ein absolut sicheres und klares Ergebniss haben wir bis jetzt daraus noch nicht gewinnen können.
Wir wollen uns indess bemühen, die Sprache der Philosophen,
die uns mit ihren ungewohnten Ausdrücken sehr oft wie eine
ganz fremde gegenüber tritt, überall in eine uns Allen ver-
ständliche zu übertragen, um so ihre inderthat oft tiefen
Forschungen nutzbarer zu machen.

Die Philosophen haben aber einen recht fruchtbaren
Boden so lange nicht gefunden als sie die Ergebnisse der
Naturwissenschaften noch nicht aufnahmen oder noch nicht
kannten. Man hat dem Grundsatze, dass die Natur mit allen
ihren Körpern und Erscheinungen nur durch sich selbst erfasst werden kann, eine viel zu geringe Bedeutung beige-
messen. Wir sehen aber mit Freude, „dass der Gang der
Philosophie eine Umwandlung mystisch-genialer Conceptionen
in rationelle Ergebniss" mehr und mehr anzunehmen imbegriff
ist. Den Gegnern Darwins, dessen eifriger Anhänger ich bin,
will ich aber gern zugeben, dass seine Lehre noch unzureichend
ist auch alle psychischen Erscheinungen zu erklären und die
Frage nach der einen Alles beherrschenden Kraft wissen-
schaftlich zu beantworten.

Spinoza, dieser von seinen Glaubensgenossen so grimmig verfolgte Jude, einer der tiefsten Denker, den die Erde je getragen hat, sagte:

„Gott ist eine Ursubstanz mit unendlichem Denken, unendlicher Ausdehnung mit unendlichem Sein; sie ist untheilbar, wirkt gesetzlich, ist die bleibende Ursache aller Dinge. Die besonderen Dinge sind nur Kraftäusserungen Gottes."

Spinoza verwarf also schon vor mehr als 200 Jahren den Glauben an einen persönlichen Gott, der irgendwo im Weltraume seinen Sitz haben solle. Auch der bedeutende Astronom, aber furchtbare „Gotteslästerer" Lalande schrieb: „Ich habe den Himmel überall durchforscht und nirgends eine Spur von Gott gefunden." Der berühmte Pater Secchi und jeder Denkende stimmt heutzutage diesen Männern bei. Die grossen Massen des Volkes, welche durch die Kirchen im Glauben förmlich gezüchtet werden, so wie ihre Zuchtmeister erheben über eine solche Gottlosigkeit freilich ein Zetergeschrei, dass die Welt einfallen möchte. Aber je mehr die Denkkraft des Volkes durch vernunftgemässe Erziehung angeregt und genährt werden wird, desto mehr wird der persönliche Gott für die moralische und vernünftige Entwickelung der Völker als entbehrlich, ja als schädlich erkannt werden. Wenn es einen persönlichen Gott gibt, der allmächtig ist, warum hat er da nicht sittlich fertige Menschen geschaffen, sondern warum lässt er das Laster blühen, warum die wahre Sittlichkeit erst durch schwere Kämpfe erringen und dafür die Lasterhaftigkeit mühelos gedeihen?

Auf die Gefahr hin von den Finsterlingen verketzert zu werden, wollen wir uns also der sicheren Leitung der exacten Wissenschaften anvertrauen und nach dem unpersönlichen Gotte des Weltalls forschen.

Wenn wir hören: „Gott ist ein Geist,"*) so können wir
diesen Ausspruch nur dann als unverfänglich annehmen, wenn
wir unter Geist etwas Unsichtbares oder vielmehr etwas Un-
körperliches überhaupt verstehen. Diese Bedingung würde
der uns bereits bekannte Weltäther wol erfüllen. Wollten
wir aber unter Geist in jenem Ausspruche etwas absolut Immaterielles verstehen, so würde ein solcher Gott auf die Stoffe
im Weltraume naturgesetzlich durchaus nicht wirken können.
Gott ist also kein Geist im landläufigen Sinne.

Der Weltäther allein ist das ewig Seiende (τὸ ἀεὶ ὤν)
des Weltalls; die Weltkörper selbst mit allen ihren Wesen
sind das ewig wechselnde, das niemals Seiende, sondern das
stets Vergehende und einer Umgestaltung Unterworfene. Von
dem Weltäther wissen wir bereits, dass er durch den ganzen
Weltraum nach strenglogischen Gesetzen wirkt; er beherrscht
alle Stoffatome im Weltraume und tritt auch mit denen des
organisirten Körpers in eine mechanisch-gesetzmässige Wechselwirkung. v. Hartmann spricht in seiner Philosophie des Unbewussten auch von einem „unfehlbar Logischen im Unbewussten"
und schreibt ihm organisches Bilden, die Erscheinung der Instinkte u. s. w. als Wirkungen zu. Wenn er aber dem „Unbewussten" einerseits Untheilbarkeit, andererseits Individualität
zuschreibt, so ist dieser Zusammenhang offenbar falsch, weil
das Untheilbare entweder Null oder das Unendliche und dieses
kein theilbares Einzelwesen (Individuum) ist. Der Weltäther
ist unendlich, also untheilbar. Das Unbewusste von v. Hartmann „irrt niemals oder schwankt auch nur, sondern es trifft
augenblicklich und unter allen Umständen das Richtige," mag
es nach unseren Begriffen neubildend, erhaltend, zerstörend

---

*) 2. Corinther 3, 17. „Der Herr ist ein Geist."

oder nur umbildend wirken; es handelt nur gesetzmässig nach logischer Nothwendigkeit, es ist allweise.

Inderthat aber geht die unablässig gestaltende, ordnende, bildende, belebende Kraft von dem nur gesetzmässig wirkenden Weltäther aus, mag es sein bei den für die Atome geltenden Gesetzen in der Chemie und der organischen Natur, mag es sein bei den das unendliche Weltall beherrschenden Gesetzen der Gravitation. Selbst wenn eine Erscheinung dieser unserer Anschauung noch so fern zu liegen scheint, so lässt sie doch leicht und ungezwungen sich ihr unterordnen. Da es der Weltäther ist, welcher die Atome und Molekel eines Körpers zwingt je nach ihrer Gestalt eine bestimmte Lagerung anzunehmen und diese mehr oder weniger energisch festzuhalten; so wird z. B. einer Stahlfeder, welche man nöthigt eine andere Gestalt anzunehmen, allein durch den Weltäther die frühere Form wiedergegeben mit der alten Lagerung der Atome und Molekel, welche selbst aber kraftlos sind. Der Weltäther erhält also auch u. a. eine aufgezogene Feceruhr (wie jede Gewichtuhr durch die Gravitation) im Gange. Wären die Stoffatome der irdischen Elementarkörper kugelförmig, so würden sie wie der Weltäther nach allen Richtungen mit gleicher Kraft wirken. Da dieses nicht der Fall ist, so haben sie mancherlei andere Gestalten, welche auch die verschiedenen Kohäsionsverhältnisse bedingen.

Wenn nun auch das Wesen der Gravitation, die Körpergestaltung, die Adhäsion, Kohäsion, die damit zusammenhängende Elastizität und alle statischen und dynamischen Erscheinungen des Gleichgewichtes und der Bewegung unschwer auf die Kraft des Weltäthers zurückgeführt werden können; so scheint doch die Erforschung des Seelenlebens für unsere Untersuchung eine kaum zu überwindende Schwierigkeit darzubieten. Werden wir aber, um das Wesen der Seele, ich will

nicht einmal sagen, zu begreifen, sondern als etwas Gegebenes
anzunehmen, eines persönlichen Gottes bedürfen, eines Gottes,
welcher uns die Seele eingehaucht hat?*) Darauf muss mit
einem entschiedenen Nein geantwortet werden, wenn auch
leider selbst Darwin meint, dass der Urform für alle Lebewesen vom Schöpfer das Leben eingehaucht worden sei.

Bei der Uebereinstimmung der Stoffe, aus denen Thier-
und Menschenkörper zusammengesetzt sind, darf man sich
nicht verwundern, dass das Wesen der Seele bei Thieren und
bei Menschen dasselbe und dass der Unterschied nur ein gradweiser ist. Als Bedingung für das Vorhandensein eines
Seelenlebens genügt aber noch nicht eine reinmechanische
Rückwirkung eines organisirten Körpers, wie sie etwa bei
den sog. Sinnpflanzen vorkommt. Die hierbei auftretenden
Bewegungen sind nämlich nur eine Folge der durch eine
blosse Berührung erfolgenden Auslösung einer während der
Vegetation erzeugten Spannung des Molekularzusammen-
hanges oder eines Reizes durch die Lichtschwingungen.

Wie der ganze Erdkörper und alle seine leblosen und
Lebewesen auf ihm von den unscheinbarsten Anfängen an
organisch und logisch gesetzlich sich entwickelt haben, so auch

---

*) Das Volk wird immerfort noch durch die Bibel („das Buch
der Bücher," in welchem man für alle, auch die ,bornirtesten
Geistesströmungen ein Wort findet) in unvernünftiger Weise belehrt, denn es steht 1. Mose 2. 7 geschrieben: „Und der Herr
machte den Menschen aus einem Erdenkloss und er blies
ihm einen lebendigen Odem in seine Nase. Und also (!) ward
der Mensch eine lebendige Seele." — Dr. H. Lang, Pfarrer in
Zürich sagt in seiner Schrift über das Leben Jesu und die Kirche
der Zukunft: „die freie Forschung der Neuzeit hat 'der Bibel
schon längst den Nimbus geraubt, den Unwissenheit in
sie legt."

nicht blos der menschliche Leib, sondern auch alles menschliche Können, Thun und Wissen: die menschliche Sprache, die Religion, die Kunst und Wissenschaft, der menschliche Geist und überhaupt die ganze Geschichte des Menschengeschlechtes. Die Entwickelung des geistigen Lebens im ganzen Menschengeschlechte ist im Grossen' und Ganzen eine mit der von der übrigen Welt gleichlaufende.

Der Mensch ist nur durch eine mehr und mehr lebhaft gewordene Wechselwirkung mit der vielgestaltigen Natur und mit Seinesgleichen oft unter den härtesten Kämpfen das geworden was er ist; jede aussernatürliche Einwirkung ist eine leere Erfindung und Phantasterei. Grade seine im Naturzustande noch vorhandene Schwäche gegenüber der kräftigeren Thierwelt musste ihn anspornen auf Mittel eines erfolgreichen Kampfes zu sinnen. Je mehr er sich befreite von der Bewältigung durch rohe Naturkräfte und je mehr er diese nicht nur ungefährlich, sondern sogar für sich nutzbar zu machen verstand, desto mehr schritt er in seiner geistigen und menschenwürdigen Entwickelung vor. Die Menschheit zieht mit ihren weiteren Fortschritten sogar die übrige organische Welt nach und nach immer mehr in ihre Dienste, so dass schliesslich fast nur Kulturpflanzen und Kulturthiere leben werden.

Die Erscheinungen auch im gesammten Völkerleben sind ganz entsprechend denen im übrigen Naturleben. Völker entwickeln sich, bleiben auf einer gewissen Stufe bisweilen lange stehen, gehen im Kampfe ums Dasein zugrunde, neue treten auf die Weltbühne, überragen die alten, und so wächst unter dem Einflusse der freien geschlechtlichen Wahl und unter dem Gesetze der Vererbung die Krone des Baumes der tieferen Erkenntniss immer höher und höher. Wie in allen Gebieten der Natur, so kommen zwar auch hier Rückfälle vor (ich er-

innere nur an den in der katholischen Kirche einreissenden
Baalsdienst); aber niemals zeigen sich plötzlich sehr bedeutende Sprünge nach vorwärts (*natura non facit saltum*),
wenn auch einzelne Meteore im Gebiete der geistigen Welt
die Zukunft prophetisch anzeigen. Einzelne Männer führen
das Schlepptau für die grosse Menge und leiten sie ohne
grössere Umwege und Fehltritte schneller zum rechten Ziele.
Ja ganze Völkerschaften werden dann, wie jetzt die Chinesen
und Japanesen von dem Strome der Zeit in das Kulturleben
mitfortgerissen. Auch geistig hochbegabte oder geniale
Menschen sind das Produkt äusserer günstiger Einwirkungen
und Umstände: eine glückliche und harmonische Verbindung
der Eltern, Erziehung, Natureinflüsse, Zeitumstände verschiedener Art und eine normale und bildsame Organisation.
Ländergestaltung und wiederholte Umgestaltung der Erd-
oberfläche, die zu frei- und unfreiwilligen Wanderungen und
dann zu Anpassungen an neue Lebensbedingungen die Veranlassung und Nöthigung wurden, ferner die damit zusammen-
hängenden Natureinflüsse wie Licht, Luft, Temperatur, Klima
überhaupt und Ernährungsweise haben auf die Entwickelung
des ganzen materiellen und geistigen Lebens wesentlichen
Einfluss: Verkümmerung (Steppengebiete) oder fröhliche Ent-
faltung (Altgriechenland), Schlaffheit oder Energie des Körpers und Geistes, Rohheit oder Sanftmuth, Trägheit oder
Fleiss, Stumpfsinn oder lebendiges Bewusstsein, ja selbst verkehrter oder edlerer Götterglaube, Herabdrückung oder Entwickelung des reinen Denkens und der Vernunft. Je niedriger
ein Volk steht, desto weniger unterscheiden sich die Einzelnen in körperlicher und geistiger Beziehung voneinander.
(Die Baskiren z. B. sind aus einer Form gegossen.) Je mehr
in der Natur aus der Einförmigkeit die Mannigfaltigkeit sich
gestaltete, desto eher, tiefer und mannigfaltiger entwickelte

sich auch der Mensch, weil die Veranlassung Begriffe in sich
aufzunehmen, zu vergleichen, zu schliessen, zu denken mit der
äusseren Anregung wuchs. Ist aber einmal eine gewisse Stufe
des Denkens erreicht, so nimmt dann der Fortschritt einen
rascheren Gang als früher und der Mensch entfernt sich durch
eigene Kraft dann schneller von seinen Urahnen als die
Menschen und Völker auf noch niedrigeren Stufen. Die
übrigen bildungsfähigen Völker, werden dann in den Strom
der Kultur hineingezogen. So kommt, jetzt freilich immer
noch unter harten Kämpfen, später aber immer leichter, die
„göttliche“ Vernunft zur Herrschaft, während die rohen und
bildsamen Völker, so wie alle geistig starren und verknöcherten
Naturen naturgemäss zugrundegehen, wie u. a. die Orthodoxen
und Reaktionäre, die das Rad der fortschreitenden Zeit nicht
nur aufhalten, sondern zurückdrehen wollen. — Der Kampf
ums Dasein muss aber von dem physischen mehr und mehr
auf das moralische und geistige Gebiet übergetragen werden.
Die Völker sollen einander nicht zu vernichten, sondern durch
menschenwürdige Eigenschaften zu übertreffen suchen; die
Rassenkämpfe sollen Geisteskämpfe, die Herrschsucht soll
Bildungstrieb und die niedrig stehenden Völker sollen durch
Beispiel und Belehrung höher stehender gehoben werden. —
Wenn Wilh. v. Humboldt sagt: „die Weltgeschichte ist nicht
ohne eine Weltregierung verständlich,“ so kann der Natur-
forscher dabei niemals an eine, von einen persönlichen Gott
ausgehende Leitung denken, sondern er wird und kann diese
Regierung nur eine naturgesetzliche sein lassen, welche in der
Erstrebung der in der ganzen Natur ausgeprägten Vernunft-
gesetze gipfelt. Das von der weltbeherrschenden Kraft ausgehende psychische Dasein ist ein fortwährender Kampf des
Logischen gegen das Unlogische, des Vernünftigen gegen das

Unvernünftige, welcher wenn auch nur allmählich, mit dem Siege des ersteren enden wird.

Wie wenig unser Leib durch eine schöpferische That eines persönlichen Gottes plötzlich in die Welt gesetzt worden ist, ebenso wenig ist auch der Geist uns durch einen solchen Gott eingehaucht worden. Auch er ist das Ergebniss einer mit dem leiblichen Organismus stufenweise fortschreitenden Entwickelung. Dieses hier, wenn auch nur in allgemeinen Umrissen, zu zeigen sind wir nach dem Plane der Schrift verpflichtet.

Wie also der organische Leib das Ergebniss einer allmähligen äusserst langsamen Entwickelung ist,*) so auch die Seele des thierischen Körpers, welche beim Menschen durch das Selbstbewusstsein und Denken den höchsten Grad von Vollkommenheit erreicht hat, so dass Denken und menschliches Sein untrennbar sind: „Ich denke, also bin ich."

Um nun über das Wesen der Seele uns zu verständigen, müssen wir uns erinnern, dass von den verschiedenen höchst wunderbar zusammengesetzten Organen aus Empfindungsnerven nach dem Gehirn als dem Centralorgane gehen und sich hier in eine ausserordentliche Menge äusserst feiner Aestchen verbreiten. Von dem Gehirn aber gehen Bewegungsnerven aus, die mit jenen in äusserst verwickelter Weise verflochten sind und mit den Muskeln in Verbindung stehen.

Wenn wir die Thatsachen anstaunen, dass die Molekularbewegungen in einem Eisendrathe fähig sind die Tonschwingungen nicht blos einzelner Instrumente sowohl nach ihrer

---

*) Siehe meine Schrift: *Homo sapiens.* Der Mensch nach seiner körperlichen und geistigen Entwickelung. Berlin, 1872. Julius Immes Verlag.

Höhe als auch nach ihrer spezifischen Verschiedenheit (Klari-
nette, Horn, Flöte u. s. w.), sondern auch verschiedener Instrumente in einem Konzerte gleichzeitig überzutragen; wenn
wir es ferner bewundern wie die Atombewegungen in einer
elektrischen Batterie in veränderter Form durch den Tele-
graphendrath mit Blitzesschnelligkeit fortgepflanzt und wie
dadurch selbst Massenbewegungen (u. a. des Hammers bei
Glockenwerken) erzeugt werden; wie die bewegende Kraft dabei selbst auch auf Entfernungen (hier durch Luft, die aber
auch fehlen kann) sich wirksam zeigt: so möchte das Staunen
und Bewundern wol seinen höchsten Grad erreichen, wenn
wir die Vorgänge in unserem Seelenleben damit zusammen-
halten, und doch sind auch diese geheimnissvollen Erscheinungen den allgemeinen, rein mechanischwirkenden Naturgesetzen unterworfen. Wenn wir endlich wahrnehmen, dass
alle physikalischen Kräfte, wie sie z. B. im Schalle, Lichte, in
der Elektrizität und Wärme vorkommen, nicht blos auf unsere
Empfindungsnerven und Muskeln, sondern auch auf die Seele
wirken, und wenn wir andererseits durch unsere Seelenkraft,
wie sie im Willen sich zu äussern imstande ist, physikalische
Erfolge erzeugen, (z. B. eine entfernt Magnetnadel abzulenken);
so ist doch klar, dass bei diesen Wechselwirkungen noch ein
Stoff eingreifen muss, der sich zwar unserer sinnlichen Wahrnehmung entzieht, aber in beiden Fällen die Atome der ange-
wendeten Körper beherrscht.

Wenn man nun in der Physiologie fortwährend noch von
einem besonderen „Nervenprinzipe“ spricht, welches in den
Nerven und durch die Nerven theils die Vermittelung der
Aussenwelt mit dem Centralorgane, theils die Rückwirkung
vondaaus auf die Aussenwelt angeblich vermittelt; so ist mir
bei dem heutigen Stande der Physik jenes Wort immer nur als
ein gedankenloser Nothbehelf erschienen;

Denn eben, wo Begriffe fehlen,
Da stellt ein Wort zu rechter Zeit sich ein.
Mit Worten lässt sich trefflich streiten.
Mit Worten ein System bereiten.

Weil einzelne sich gestehen müssen, dass sie mit dem „Nervenprincip" durchaus nichts anfangen können, sondern weil sie etwas mehr Greifbares haben wollen, so sprechen sie von einem „Nervenäther," um die psychischen Vorgänge auf eine reale Grundlage zurückzuführen. Ein besonderer Nervenäther ist aber auch eine Illusion.*)

Es ist aber hier vorzüglich festzuhalten, dass der Weltäther, wie er die Atome aller Stoffe, so auch die der Nerven und des Gehirns umgibt, an ihren Bewegungen theilnimmt, eine Uebertragung bewirkt und so überhaupt eine Wechselwirkung zwischen ihnen vermittelt. Es lässt sich durch einen einfachen Versuch sogar nachweisen, dass er eine vermittelnde Theilnahme zeigt. Wenn man bei einem Frosche das Rückenmark vonvorn nachhinten der Länge nach halbirt, so beschränken sich die auf äussere Reize erfolgenden Bewegungen (die Reflexbewegungen) des Frosches nur auf die gereizte Hälfte. Lässt man aber bei jenem Schnitte eine wenn auch ganz schmale Verbindungsbrücke oder durchschneidet man ohne Längenschnitt jede der beiden Hälften quer an zwei Stellen, die nur in einiger Entfernung von einander liegen, so entstehen durch Reizung eines Hauptpunktes allgemeine Reflexbewegungen. Die Wirkung der Reizung hält sich also nicht an die vorgezeichneten Bahnen, sondern sucht sich unter

---

*) Graf A. de Gasparin schreibt einem „Nervenfluidum" die Wirkungen zu, welche die Spiritualisten der Geisterwelt beilegen; Prof. Thury glaubt dafür eine allgemeine verbreitete „Weltkraft" annehmen zu müssen und der Akademiker Dr. W. Richardson spricht von einer „nervösen Atmosphäre."

Mitwirkung des die Atome umgebenden und beherrschenden Weltäthers, dieses bisher sogen. Nervenprinzips, neue Bahnen. Er vermittelt auch in der Physik die Wirkung auf die Entfernung. Die chemische Beständigkeit der organischen Gebilde wird während ihrer Lebenszeit allein durch den Antrieb des Weltäthers (nach v. Hartmann des „unbewussten Willens,") aufrecht erhalten, so dass er allein das Lebensprincip ist. Da der Weltäther in seinem Wesen absolut unveränderlich und von den Körperstoffen völlig unabhängig ist so kann er weder selbst erkranken, noch für sich in einem Organismus eine Erkrankung bewirken.

Es ist überraschend, dass v. Hartmann durch reines Denken inbetreff seines „Unbewussten" zu demselben Ergebnisse gelangt ist. Er sagt nach einer Reihe von geistvollen Untersuchungen: „Es muss also ein über den materiellen Leitungsgesetzen der Nervenströmungen stehendes Princip(?) vorhanden sein, welches die Veränderungen der Umstände schafft, vermöge deren die Bahnen jener Nervenströmung verändert werden, und dieses Princip kann nur ein immaterielles sein." v. Hartmann meint wol, dass es insofern immateriell ist, als es mit den irdischen, überhaupt den Weltkörperstoffen, nichts gemein hat. Er charakterisirt dieses Princip nicht und kann es auch von seinem Standpunkte aus nicht, denn es ist ihm das „Unbewusste"; aber es ist nichts als der Weltäther. — Er ist es auch allein, der in allen normal organisirten Menschengehirnen bei allen Rassen auf der ganzen Erde die Einheit des Bewusstseins erzeugt, indem er an den Schwingungen der Gehirnatome nicht nur gleichmässig theilnimmt, sie überträgt und je nach dem Zustande derselben auch Umwandlungen der Bewegungsarten vermittelt, sondern auch seine Gesetze einprägt. Daher kommt es u. a. auch, dass die Instinkte keiner Lehre und Uebung bedürfen, sondern

sogar ohne jede Mitwirkung vonaussen in die Erscheinung
treten, wenn die Veranlassung dazu eintritt. Wenn das so-
eben geborne Kalb an das Euter seiner Mutter gehen will,
so braucht es nicht erst angewiesen zu werden, in welcher
Aufeinanderfolge es seine Beine gebrauchen soll, um nicht zu
fallen u. s. w. Wie der Weltäther die Gravitationsgesetze
erzeugt, so sorgt er auch hier für die Erhaltung des Gleichgewichtes.

Wenn v. Hartmann ferner u. a. sagt: „Das Princip der
praktischen Philosophie besteht darin, die Zwecke des Unbewussten zu Zwecken seines Bewusstseins zu machen;" so heisst
dieses in der einfachen Sprache der Naturwissenschaft: Es ist
eines jeden Menschen Lebensaufgabe seinen Willen unter-
zuordnen dem Weltwillen, oder den vom Weltäther ausgehenden und in der ganzen Erscheinungswelt erkennbaren
Vernunftgesetzen. Dann sind die Ziele des Bewusstseins
nicht mehr auf das gegenwärtige Diesseits oder auf ein
bestimmtes Jenseits gerichtet, sondern verschwimmen in
dem allgemeinen Weltprozesse, für welchen Jeder mit
voller Hingabe kämpfen und leisten soll. „Nur in der vollen
Hingabe an das Leben und seine Schmerzen, nicht in feiger
persönlicher Entsagung und Zurückziehung (Klosterunfug) ist
etwas für den Weltprocess zu leisten."

Der thätige Weltwille liegt aber zweifellos im Weltäther: denn er wirkt mathematisch streng (Gravitations-, Kry-
stallisations- u. a. Gesetze), er beherrscht wie die rein vegetativen Lebensprozesse, so auch die Instinkte, die Seelenthätigkeiten, die Vernunft, den Willen. Schelling sagt weniger
klar als ahnungsvoll: „Wollen ist Ursein" und „der Wille ist
es, welcher der ganzen Welt und jedem einzelnen Dinge das
Dass verleiht." v. Hartmanns Ausspruch: „Es gibt nur das
Unbewusste und seine Thätigkeit, aber nichts Drittes," ist für

uns leicht zu deuten. Das Unbewusste ist der Weltäther, das Werk seiner Thätigkeit ist die sichtbare Welt. Die durch den Weltäther im Weltraume erzeugten Entwickelungen sind ein steter Weltprozess des Ewigwahren gegen das, was nicht so ist, wie es sein soll.

Kehren wir nun zur physikalisch-physiologischen Wirksamkeit des Weltäthers in dem organisirten Leibe zurück! Die Schwierigkeiten sind weniger gross als es scheint. Die Uebertragung der Zustände der Aussenwelt nach dem Zentralorgane geschieht durch die Empfindungsnerven, der Weltäther nimmt organisatorisch theil bei den Bewegungen der Gehirnatome und diese werden unter Umständen von ihm zu Rückwirkungen auf die Bewegungsnerven veranlasst.

Um aber das Wesen der Seele zu begreifen müssen wir noch dem Zentralorgane etwas Aufmerksamkeit widmen. Es muss sogleich an der Spitze behauptet werden, dass es eine Chimäre ist, die Seele als etwas absolut Unmaterielles anzusehen; denn es ist eine Thatsache, dass wir mit der allmähligen Beseitigung der einzelnen Gehirntheile wie einem Thiere so auch dem Menschen die Seele gewissermassen stückweise herausschneiden können. Es bleibt ihm dann nur ein vegetatives Leben übrig. Vom kleinen Gehirne aus gehen vorzüglich die Nerven für die Organe, vom grossen, welches beim Menschen mit seinen Halbkugeln von der Stirn aus die anderen Gehirntheile überdeckt und mit einer grauen Nervensubstanz, die aus eigenthümlichen kugeligen oder strahligen Zellen besteht, bekleidet ist, sind wesentlich die reingeistigen Thätigkeiten abhängig.

Wenn schon Protagoras (in der Mitte des fünften Jahrhunderts vor Chr.) sagte: Der Mensch ist das Mass aller Dinge, so ahnte er den innigen und gesetzmässigen Zusammenhang zwischen der Aussenwelt mit ihren wechselnden Zuständen und

6

der menschlichen Erkenntniss durch seine Organe. Da jene
aber der Ausfluss einer über ihnen stehenden und sie beherrschenden Kraft sind, so liegt darin auch die gesetzliche Abhängigkeit unserer eigenen Natur von ihr.

Auch Spinoza spricht schon mit anerkennenswerther Klarheit über die Wechselwirkung zwischen uns und der Aussenwelt, indem er behauptet, dass der Mensch die Aussendinge nur
mittels der Veränderungen seines eigenen Köpers auffasst;
wenn er aber hinzufügt, dass die Vorstellung, welche wir
von den physischen Dingen haben, mehr den Zustand unseres
eigenen Körpers als die Natur jener Dinge anzeige, so ist dieses nur in beschränktem Masse richtig und passt weniger für
einen gesunden Geist in einem gesunden Körper. — Wenn wir
unserer Weltseele, dem Weltäther, die ihr im organisirten
Körper zukommende Einwirkung anweisen und zuschreiben,
so ist das Wesen der Thierseele nicht mehr so dunkel und räth-
selhaft, als man gewöhnlich meint, und wir haben nicht mehr
nothwendig zu einem persönlichen, Wunder wirkenden Gott
zu greifen, um schliesslich unseren Verstand gefangen zu geben.

Wir werden übrigens unter den Seelenthätigkeiten die
reinmechanischen von den wesentlich physischen unterscheiden
müssen. Wie es in der Physik Zurückwerfungs- oder Echoer-
scheinungen gibt (bei Schall, Licht, strahlender Wärme, dyna-
mischer Electricität), so auch im thierischen Organismus inbetreff der durch die Nerven geleiteten Schwingungen von
Gegenständen der Aussenwelt. In dem Zentralorgane werden
durch Uebertragung der Zustände der Aussenwelt Bewegungs-
zustände erzeugt, welche mit jenen Veranlassungen erscheinen
und verschwinden (Ton), oder einen bleibenden Lagerungs-
oder Spannungszustand der Gehirnatome erzeugen.

Wie es ferner in der Physik Umwandlungen von Bewegungsarten gibt (Wärme z. B. lässt sich in Schall oder Elec-

tricität umwandeln), welche durch die Gestalt und Lagerung
der Stoffatome, auf welche die Bewegungen treffen, erzeugt
werden, so auch werden im organischen Körper, namentlich in
der Substanz des Zentralorgans, die durch die Empfindungsnerven angekommene Schwingungen umgewandelt, z. B. plötz-
licher Schall oder schnelle Abkühlung erregt Schrei etc. Der
Schrei des Kindes bei seiner Geburt ist blos als Folge des
so plötzlichen Temperaturwechsels anzusehen.*)

Dieses sind unwillkürliche, unbewusste, reinmechanisch
eintretende Rückwirkungen oder Reflexbewegungen derNerven
zufolge äusserer Reize und sind somit unfähig einen Vorsatz
zu fassen.

Wir müssen diese Erscheinungen als solche ansehen, bei
denen der erregende Reiz einen Empfindungsnerven trifft,
welcher ihn bis zu einem Theile des Zentralorgans fortpflanzt,
worauf er von diesem auf motorische Nerven überspringt, die
dann ihrerseits eine Muskelbewegung auslösen. Diese unbewussten Reflexwirkungen treffen augenblicklich und zweifellos das Richtige, während bewusste Ueberlegung in vielen
Fällen, wie z. B. beim Balanciren eines Menschen auf einem
Seile, zu spät kommen würde. Man erstaunt wirklich über
die Schnelligkeit solcher Reflexbewegungen bei Pferden, welche
nicht blos nach der Musik mit grosser Präzision tanzen, sondern
selbst nach den Bewegungen der Hände, des Kopfes oder
auch nur der Augen des Führers die verwickelsten Bewegungen
einzeln oder selbst bis zu 6 oder 8 Stück ausführen. Diese letzteren Erscheinungen müssen wir wol schon als eine Re a k t i o n
d e r S e e l e n t h ä t i g k e i t ansehen, wie u. a. auch die Sympathie,
wobei der die Gehirnatome umgebende Weltäther in lebhaf-

---

*) Urkomisch ist es zu lesen, was manche Philosophen über
diesen Akt des Kindes in die Welt geschrieben haben.

6 *

teren Schwingungen sich befinden wird, so dass der physische
Mechanismus durch Leitung und Uebertragung der Schwingungen zu einem psychischen geworden ist. Die einfachen
Reflexwirkungen sind blos mechanische Rückwirkungen auf
äussere Reize, mit denen sie erscheinen und verschwinden, und
sie sind unfähig einen Vorsatz zu fassen. Ist aber letzteres der
Fall, so zeigt sich der Organismus beseelt, und es treten bewusste Reflexwirkungen ein.

Die Seele ist die lebendige Wechselwirkung
zwischen den Atomen des organisirten Körpers und
dem Weltäther. Sowie diese Wechselwirkung aufhört oder
sich nur beschränkt auf die Herbeiführung der zur chemischen
Verwandschaft nothwendigen Atombewegung, so entweicht die
Seele aus dem Körper, d. h. der Weltäther, diese Weltseele,
hört auf die Atome des Organismus ohne Veränderung ihres
materiellen Wesens gesetzmässig zu beherrschen, sie zu ordnen
zu gruppiren, an allen ihren Bewegungen theil zu nehmen.

Ist bei einem Organismus ein gleichmässig gegliederter
Zusammenhang der Körpertheile vorhanden, wie bei Regen-
und anderen Würmern, so können Theile nach der Trennung
vom Ganzen noch beseelt bleiben und dann als Einzelwesen
selbstständig fortleben. Bei anderen Thieren, den Gliederthieren,
behalten die Haupttheile nur einige Zeit noch einen bewussten
Willen, bei noch anderen aber haben die Stücke nur noch eine
unbewusste Bewegung ehe sie absterben.

Bei den nach Raum und Zeit auf unsere Sinne hinreichend
kräftig erfolgenden Einwirkungen vonaussen bilden sich in
unserem Gehirne durch Uebertragung auch bleibende Anordnungen der einzelnen Atomgruppen, gleich wie
sich aus einer krystallisirbaren Flüssigkeit auch durch mechanische Anregung Krystalle erzeugen. Wenn nun auch die
Aussenwelt aufgehört hat unmittelbar auf die Sinne einzuwir-

ken, so bleiben doch noch die Eindrücke derselben, wir sind
uns also der früher erhaltenen Eindrücke noch bewusst und
können uns auch ohne eine nachfolgende Einwirkung ein treues
Bild von ihnen machen, d. h. wir haben eine Vorstellung
von ihnen.

Dass Vorstellungen im Gehirne nach und nach verklingen
liegt in dem Widerstande, den die bestimmte Lagerung der
Gehirnatome bei der Aufnahme der Vorstellung entgegensetzte
und welcher sie in die ursprüngliche Lage zurückzuführen
strebt, gleichwie es bei einer aus ihrer Lage gebrachten angespannten Saite der Fall ist. — Auch das Thier kann sich von
Aussendingen klare Vorstellungen machen wie der Mensch
und sie sind jenem oft fester eingeprägt als diesem, wie uns
u. a. der oft so ausserordentlich entwickelte Ortssinn beweisst;
aber das Thier vermag nicht Begriffe zu bilden und kann nur
in beschränktem Maasse Ursache und Wirkung verbinden.
Die Kausalität ist überhaupt nicht eingeboren, sondern nur
allmählig entwickelt und dann erst angeboren.

Gleichwie wir nicht alle Aetherschwingungen als Licht,
nicht alle Luftschwingungen als Ton erkennen, so werden auch
nicht alle auf das Hirn übertragenen Bewegungen überhaupt
geeignet sein schon bleibende Eindrücke oder Vorstellungen
zu erwecken; sondern sie müssen bei jedem Menschen eine gewisse Stärke erreicht haben, um klar und fest zu sein.

Wie ferner eine Saite von bestimmter Spannung nicht für
jeden beliebigen Ton eine Resonanz besitzt, sondern nur für
den ihrer Spannung entsprechenden: so wird auch in einem
Hirn nur dann eine bewusste Vorstellung entstehen, wenn die
Anordnungen seiner Atome geeignet ist diese Vorstellung fest
zu halten und ein klares Abbild zu geben. Wie aber endlich
der Ton einer Saite allmählig verklingt, so verwischt auch die
Zeit die Vorstellung mehr und mehr.

Die Erscheinungen des Gedächtnisses gehören theils zu den mechanischen Reflexwirkungen, theils zu den Aeusserungen des Willens, auf welchen wir noch zu sprechen kommen. Durch wiederholtes Hören, Vorlesen, Selbstlesen .empfängt das Hirn mehr oder weniger leicht bleibende Eindrücke, und diese werden dann in späterer Zeit durch den Willen objectiv ausgelöst. Bei Irrsinnigen geschieht diese Auslösung oft unwillkürlich, so dass sie unbewusst denselben Satz stundenlang wiederholen. Auch die Gedächtnisseindrücke verschwimmen mit der Zeit mehr oder weniger. Das fügsame jugendliche Hirn nimmt die Eindrücke leichter an und hält sie nach ihrer Befestigung auch länger fest.

Da das Gedächtniss eine Folge des durch lebhafte oder oft wiederholte schwächere Eindrücke befestigten Zustandes der Molekular- oder Atomgruppen des Gehirns ist, so kann es durch Erschütterungen desselben vorübergehend oder ganz verloren gehen. Die geistige Arbeit muss vonvorn begonnen werden. In anderen Fällen, namentlich bei Geistesschwachen, haben Erschütterungen wohlthätig gewirkt.

Lebhafte Eindrücke bringen auch lebhafte Vorstellungen zuwege, indem sie in den Gehirnatomen eine solche Anordnung und Spannung derselben zurücklassen, dass es auf irgend einen Reiz antwortet. Hierbei tritt die Wahrnehmung ein, dass die Fähigkeit für das Festhalten gewisser Eindrücke (Zahlen, Namen, Thatsachen) bei verschiedenen Menschen sehr verschieden ist. Durch fleissige Uebung vermag man diese einseitigen Anlagen des Gehirns mehr oder weniger zu beseitigen. Es gibt aber auch schlummernde Gedächtnissvorstellungen, welche nicht jeden Augenblick durch den Willen zum Bewusstsein gelangen und dann ausgelöst werden können. Ich weiss z. B. den Namen eines mir bekannten Gegenstandes, aber ich vermag nicht ihn sofort zu sagen. Es fehlt zeitweise an einer

Leitung zwischen der Hauptbatterie oder den Gehirntheilen, welche den Gedächtnissgegenstand festhalten und den motorischen Nerven, welche das Sprechen vermitteln. Der Wille ist dem Bewusstsein nicht stets zugänglich. Wenn aber das Vergessene auf einmal wie aus dem Dunkeln hervorblitzt, so hat der Wille die Verbindungsfäden zum Bewusstsein gefunden. Durch anhaltendes Reiben entsteht Feuer. Die Mnemotechnik bemüht sich, durch äussere Zeichen dem Gedächnisse und den in ihm schlummernden Vorstellungen zuhilfe zu kommen; ein Mechanismus unterstützt einen anderen.

Dass unser Nervensystem allein nicht ausreicht die von der Aussenwelt anlangenden Eindrücke uns wahrnehmen oder zum Bewusstsein gelangen zu lassen, ist eine alltägliche Erfahrung. Wenn ich fleissig nachdenkend schreibe, so höre ich die Uhr nicht schlagen und das Strassengeräusch stört mich nicht, ja ich vergesse sogar die im Munde befindliche Speise zu geniessen. Erst mit der Wahrnehmung des sinnlichen Eindruckes beginnt das Bewusstsein, so dass sie eigentlich der erste Grund für alles bewusste Denken ist. Wird also das Gehirn durch eine anderweitige energische Thätigkeit inanspruch genommen, so entgeht ihm die Wahrnehmung; ein Zeichen, dass sie eine Seelenthätigkeit des Gehirnes ist und nicht blos von der Gehirnmasse, sondern noch von einem „höhern Prinzip", nämlich unserem Weltäther abhängt.

Das Bewusstsein, welches Vorstellungen zu seinem Inhalte hat, ist trotz alles Stoffwechsels in der Gehirnsubstanz das Bleibende und kann daher auch nur durch etwas Unwandelbares, in seiner Substanz unveränderliches, von den irdischen Stoffen unabhängiges und unvergängliches Etwas festgehalten werden. v. Hartman sagt was es ist, weiss es aber nicht: „Das Bewusstsein ist eine blosse Erscheinungsform des Unbewussten in einem wohl organisirten Körper." Wir aber wissen schon, dass dieses Unbewusste nur der Weltäther sein kann. Die unbeschränkte Denkkraft der Substanz Spinoza's kann zwar an sich Bewusstsein nicht erzeugen, wohl aber in einem begränzten Naturkörper als Bewusstsein sich geltend machen. Die meisten Thiere haben nur ein dunkles, der Mensch aber ein klares Bewusstsein. Jene sind also auch ohne eine Geschichte; dieser aber lebt mit der Kenntniss seiner Vergangenheit, mit dem Bewusstsein der Gegenwart und mit einer Ahnung von seiner Zukunft. Bei jenen ist das Sein ein mehr passives, bei diesem ein aktives.

Wenn das Bewusstsein ein klares ist, so sammelt und vergleicht es die Beobachtungen und schliesst davon das Ich nicht aus. Auf diese Weise wird der Uebergang vom Bewusstsein zum Selbstbewusstsein, dieser die Menschennatur charakterisirenden Eigenschaft, gebahnt. Die Entwicklung des Bewusstseins geht handinhand mit der des Selbstbewusstseins, beide aber sind nicht dasselbe. Das Bewusstsein geht aus von einem Sichbewusstwerden eines Objectes oder eines ausser uns befindlichen Gegenstandes, beim Selbstbewusstsein aber wird das Object zum Subject. Es gibt kein Selbstbewusstsein ohne Bewusstsein, wol aber Bewusstsein ohne Selbstbewusstsein. Das Bewusstsein an sich hat keine Grade, weil es nichts als eine rein materielle Rückwirkung ist, wol aber das Selbstbewusstsein, weil es nicht blos von einem gegenständlichen Bewusstsein ausgeht, sondern mit der Entwicklung des Ich innig zusammenhängt. Daraus entspringen äusserst wichtige Folgerungen.

Die Menschheit lebt z. B. nicht um sich regieren zu lassen, d. h. sie hat nicht wie das Thier blos eine Seele, die mit ihrem Bewusstsein in rein passiver Abhängigkeit von der Weltseele ist; sondern sie hat auch Selbstbewusstsein, um sich regieren, d. h. im wahren Sinne des Wortes leben zu können und sich als Verstandesgeschöpf mit der Weltseele als Eines zu fühlen. Wie weit aber sind wir heute noch von diesem Ziele der Menschheit entfernt!

Wenn wir uns mit dem Gedanken, dass der Weltäther nicht blos auf die Organisation der Gehirnsubstanz von wesentlichem Einflusse ist, sondern auch mit seinen Atomen in eine lebendige Wechselwirkung tritt, hinreichend vertraut machen; so ergibt sich, dass das Gehirn bei gesunden Menschen nicht blos auf rein mechanische Weise zu Reflexerscheinungen und zu Abspiegelungen der Aussenwelt im Bewusstsein und in den Vorstellungen fähig ist, sondern dass es bei den wechselnden und vielseitigen Eindrücken vonaussen unter Vermittelung der Bewegungsnerven auch zu einer f r e i e n  R ü c k w i r k u n g auf *die* Aussenwelt zu erheben sich vermag, oder es treten, nach dem sich Vorstellungen erzeugt haben, d e r  W i l l e  u n d d a s  W o l l e n in die Erscheinung. Aber nicht blos das bewusste Vorstellen, Fühlen, Begehren und W o l l e n, sondern auch das bewusste  D e n k e n  muss vom naturwissenschaftlichen Standpunkte aus betrachtet werden. Zunächst aber einige Betrachtungen über den Willen!

Es gibt für jeden Körpertheil, dessen Muskeln eine gewisse Bewegung desselben hervorbringen sollen, bestimmte von diesen Muskeln zum Zentralorgane gehende Nervenfasern. Sind diese zerschnitten oder verletzt, so vermag der noch so mächtige Antrieb des Wollens diese Bewegung nicht hervorzubringen; es ist als ob in der Klaviatur des Gehirns die Saite zu der betreffenden Taste fehlt. Schlägt man im Gehirn falsche Tasten an, so erscheinen auch nicht die beabsichtigten Bewegungen. Wer ist nun aber der Klavierspieler? Man sagt wol der Wille! Aber was ist der Wille? Kann er etwas absolut Unmaterielles sein?

Wenn wir die physiologische Seite des Willens betrachten,

so zeigt sich, dass dazu das Gehirn nicht einmal ausschliesslich nothwendig ist, sondern dass theils das Rückenmark (nach Versuchen bei Fröschen), theils die Ganglien (nach Versuchen bei Insecten) genügen und dass wir selbst in nervenlosen Thieren (Polypen) noch Willensfähigkeiten erkennen.

Hirn und das Rückenmark mit seinen Ganglien sind ihrem Wesen nach gleich, zu selbstständigen Willensäusserungen geeignet und in ihren Leistungen ziemlich unabhängig von einander; in jenem aber liegt ein höherer Grad von Vollkommenheit, denn ihm ausschliesslich gehört das Selbstbewusstsein an. Das Rückenmark der Säugethiere steht aber höher als die Ganglien der Insecten. Die vom Willen unabhängigen pulsirenden Bewegungen des Herzens, der Arterien und der Därme so wie die andauernden Bewegungen in anderen Organen, mit einem Worte: die vegetativen Thätigkeiten des Körpers sind von dem Gehirn unabhängig.

Doch treten wir dem Wesen des Willens näher!

Mechanische Leistungen können nie ohne eine mechanisch wirkende Kraft hervorgebracht werden. Vollführen wir also mit unserem Körper zufolge unserer Willenskraft eine Bewegung unserer Glieder oder des ganzen Körpers, so kann dieses nicht das Ergebniss eines stofflosen Nichts sein, sondern wir müssen festhalten, dass alle sichtbaren Bewegungen der Stoffe auch von einem Stoffe ausgehen, wenn er sich auch unserer sinnlichen Wahrnehmung entzöge, wie dieses mit den Atomen der gewöhnlichen Körper und mit dem Weltäther der Fall ist.

Beschwere ich meinen Arm, welchen ich aufheben will, mit einem so grossen Gewichte, dass dieses zu thun mir unmöglich wird, so wirkt die Kraft eines irdischen Stoffes (des Gewichtes) der Kraft meines Willens entgegen. Statt die vom Willen ins Leben gerufene Kraft anzuwenden könnte ich um meinen Arm eine Schnur binden, diese über eine Rolle führen und daran auch ein Gewicht hängen. Von der Grösse dieses Gewichtes wird es abhängen, ob das erste Gewicht auch ohne Mitwirkung meines Willens gehoben werden kann oder nicht. Ich kann das zweite Gewicht grade so gross wählen, dass es das erste und das Gewicht meines Armes im Gleichgewichte hält. Hier also ist der Wille durch das zweite Gewicht ersetzt. Dürfen wir also meinen, dass der Wille als eine an nichts Materielles gebundene oder als eine abstrakte Kraft fähig sein kann einer materiellen Kraft das Gleichgewicht zu halten? Nimmermehr! Es muss auch der Wille ausgehen von einem Stoffe, welcher in einem gewissen Spannungszustande sich befindet und mit unseren Körperstoffen (dem Arme mit seinen Muskeln) in einer leitenden Verbindung steht, so dass er diese Spannkraft wie eine Feder nur zu lösen braucht, um zur Wirksamkeit zu gelangen. Es geschieht hierbei durch die Bewegungsnerven eine Uebertragung oder Transmission vom Zentralorgane aus zu den Muskeln. Wie es beim Abfeuern eines Geschützes nur einer unbedeutenden Kraft bedarf, um nach deren Auslösung einen ungemein grossen Erfolg durch eine zweite als Spannkraft gewissermassen gefesselte Kraft hervorzurufen, so auch im thierischen Organismus, bei welchem der Wille die Auslösung erzeugte. Da nun dieser zu einer mechanischen Leistung fähig ist, so ist es unmöglich, dass er nicht an einen Stoff gebunden sein sollte. Die Bewegung der blossen Gehirnatome aber ist nicht kräftig genug um für sich eine That, d. h. eine äussere Handlung zu erzeugen.

Weil die Gehirnatome vom Aether umgeben sind, so sind Vorstellung und Wille im „Unbewussten" (v. Hartmann) verbunden. Die Vorstellung liegt im Hirn, der Wille in seinem Aether. Obwohl nun der Weltseele, dem Weltäther, die Bedingungen zu einem bewussten Denken fehlen, obwohl ihm das Denken des Bewusstseins unmöglich ist; so bringt er doch objectiv in uns die Erscheinung des Bewustseins und die Befreiung der Vorstellung vom Willen hervor. Es tritt eine Wechselwirkung beider ein und sie wirken dabei ungetrennt, gleichwie ich und mein Spiegelbild, das Subjekt wird zum Objecte und das Object zum Subjecte für den Beschauer. Die Vollkommenheit der Wechselwirkung hängt von der Beschaffenheit des Spiegels, d. i. von der Entwickelung der Gehirnsubstanz ab. Wenn nun der bewusste Wille das Gewollte will, so erscheint eine körperliche That. Die letztere ist das mechanische Aquivalent der vom Gehirn ausgehenden und von der Spannkraft des Weltäthers eingeleiteten und unterhaltenen Atombewegungen der Gehirnsubstanz, der motorischen Nerven und der Muskeln. Wir werden durch viele Erscheinungen in der Physik und Chemie auf die grosse Kraft hingewiesen, welche in den Schwingungen des Weltäthers, den man auch Lichtäther nennt, liegt; z. B. Wasserstoff und Chlorgas verbinden sich unter einer heftigen Detonation zu Salzsäure, wenn man unmittelbare Sonnenstrahlen auf das Gemenge leitet. Hier haben wir zugleich eines der wunderbarsten Beispiele davon, dass durch das Zusammenwirken ausserordentlich vieler kleiner Theilkräfte ein grosser Gesammterfolg entsteht. Erst also, wenn das Wollen seinen Willen durchsetzt, wird es zur That, welche nur der Gegenwart angehört; ein blos auf die Zukunft gerichtetes Wollen ist nur eine Absicht oder ein Vorsatz. Zweck ist aber das vorgesteckte Ziel, dessen Erreichung nur durch bestimmte ursächliche Mittel, welche dem Zwecke entsprechen, möglich ist. Geht dieser z. B. auf Bewegung eines stoffbegabten Körpers, so kann das erste ursächliche Mittel nicht stofflos sein. Der Weltäther ist der absolute Wille, die unbewusste Weltseele, die das Gesetzmässige, das Logische in uns als Object bildet und es als Inhalt ansichzieht, gleichwie in gleichgerichteten elektrischen Bewegungen das Bestreben der Anziehung oder der Herstellung einer Einheit liegt. Ein schlechter Violinspieler kann sein Instrument verstimmen, ein guter aber es verbessern und es dahin bringen, dass die Holzfasern (Gehirn) willig die Schwingungen der Saite (Weltäther) annehmen. Ein gesundes Gehirn denkt korrekt.

Weil Vorstellungen und Bewusstsein die Grundbedingungen für bewusste Willensakte sind, so sagt Spinoza mitrecht: „Der Wille ist die Bejahung des Vorgestellten." Das Bewusstsein ist dem Willen untergeordnet, aber der Wille ist dem Bewusstsein nicht unbedingt zugänglich oder mit ihm unmittelbar gegeben. Wir werden also unter Willen das Bestreben verstehen die Vorstellungen zur Wirklichkeit zu machen und müssen ihn als die unmittelbare Ursache unseres in unserem Bewusstsein vorgestellten Handelns ansehen. Der Willensakt ist eine bewusste Reflexwirkung. Niedere, unbewusste und ungewollte Reflexbewegungen gehen blos bei hinreichender Stärke in bewusste Willensthätigkeiten über.

Schelling sagt: „Das Wollen ist der Aktus κατ' ἐξοχήν" und „der Wille an sich ist die Potenz κατ' ἐξοχήν. Was mit solchen Phrasen erreicht ist, überlasse ich dem Leser zu beurtheilen.

Schopenhauer kommt als scharfer Denker der Wahrheit zwar viel näher: „der Wille ist das Wesen der Welt, das Ding an sich." Aber diese Erklärung enthält einen Widerspruch, denn „das Ding an sich" ist das Schaffende und Gestaltende, „die Welt" dagegen das Erzeugte. Der absolute oder der Weltwille ist der Gestaltungstrieb des Weltäthers. Der Weltwille ist ein seiner sich nicht bewusster Wille, welcher ohne Selbstbewusstsein logisch gesetzmässig handelt; da er aber die Stoffatome der organisirten

Körper umgibt, ihre Schwingungen leitet und an ihnen theilnimmt, so finden wir auch bei höher organisirten Thieren und
bei Menschen einen Willen, der hier, nämlich im Einzelwesen,
ein bewusster werden kann.

Schon Leibnitz erklärt die unbewussten Vorstellungen
„für das Band, welches jedes Wesen mit dem ganzen übrigen
Universum verbindet." Wenn wir uns also unbewussten Ge-
fühlseingebungen ohne denkende Intelligenz überlassen, so
schwärmen wir in dem „unendlichen Nichts" oder unsere Seele
ist mit der Weltseele in einer thatenlosen Verknüpfung; der
Weltäther, dieses seiner selbst nicht bewusste ἓν καὶ πᾶν des
Plato, in unserem Gehirne ist in relativem Ruhezustande
gegen die Gehirnatome. Da haben wir das Bild eines religiösen Schwärmers.

Wenn Schelling gesagt hätte: der Weltwille (statt der
Wille) ist .die eigentlich geistige Substanz des Menschen,
der Grund von Allem, das Einzige im Menschen, das Ursache
vom Sein ist; so könnten wir ihm vollkommen rechtgeben.
Wenn er aber hinzufügt, dass er (der Wille) das ursprünglich Stofferzeugende ist, so ist dieses grundfalsch, weil der
Stoff nicht erzeugt worden, sondern vonewigkeit vorhanden
ist und auch niemals erzeugt werden kann. Das Ende der
Schellingschen Philosophie ging doch darauf hinaus: Aus
Nichts hat Gott die Welt erschaffen, wogegen H. v. Mühler
ganz brav und treffend sang:

> Nichts und Nichts zusammen kleben,
> Müsst eine schöne Schöpfung geben!

Nun tritt inbeziehung des Willens noch eine schwierige
Frage an uns. Man spricht so häufig von einem freien
Willen: ich kann wollen und nicht wollen. Die Frage ob
der Wille als solcher frei oder unfrei ist, lässt sich weniger
leicht als man gewöhnlich meint beantworten.

Die Biene baut ihre kunstvollen Zellen, welche bei möglichst wenigem Wachs einen möglichst grossen Rauminhalt besitzen, mit mathematischer Genauigkeit nicht zufolge eines aus freier Denkkraft hervorgegangen Willens, sondern nach einer ihr durch Vererbung übertragenen Gewohnheit, welche durch Erfahrung in langen Zeiträumen den Natur-Vernunftgesetzen sich mehr und mehr angepasst hat. — Man darf also nicht meinen, dass die Thätigkeiten von Thieren, welche man instinktive zu nennen pflegt, zufolge eines selbstbewussten Zweckes geschehen: Der Vogel bebrütet die Eier nicht, weil er will, sondern weil er zur Erhaltung seiner Gattung naturgesetzlich brüten muss. Das Naturgesetz wird ihm vom „Unbewussten" diktirt und wenn er dabei auch zugrunde geht, wie es wol vorkommt. Der Spruch: Du sollst mit Schmerzen gebären, hat noch niemals die Entwickelung des Menschengeschlechtes aufgehalten. Es ist klar, dass der Instinkt, dieses zweckmässige Handeln ohne Bewusstsein des Zweckes, eine der wichtigsten Aeusserungen des „Unbewussten" ist. Dass aber der Instinkt nicht blos ein dem Gehirn stereotyp eingepflanzter Geistesmechanismus ist, sondern dass er eine Thätigkeit ist, die auch veränderten Verhältnissen sich anpasst, lässt sich aus vielen Thatsachen nachweisen. Verschieden organisirte Thiere thun dasselbe (Wandern) und gleichorganisirte Thiere Verschiedenes (Gewebe von Spinnen). — Der seiner selbst sich nicht bewusste Weltwille, unsere Weltseele, ist es, welche den thierischen Organismus unbewusst zu unfehlbar richtigen mechanischen Verrichtungen antreibt. Das neugeborene Kalb braucht nicht belehrt zu werden, in welcher Reihenfolge es die Beine zu setzen hat, um beim Gehen nach dem Euter der Kuh den Schwerpunkt nicht zu verlieren. Wie der Weltäther zufolge seiner Gravitationswirkung die Ruhe und Bewegung einer Gleichwage je nach der Belastung im Gleichgewichte hält oder in Bewegung versetzt, so verlegt er auch den Schwerpunkt des Kalbes beim Gehen so, dass das Thier willenlos dem „unbewussten Willen" oder dem Willen „des Unbewussten" folgt.

Wenn Zufall und Freiheit als absolute Begriffe betrachtet gleichbedeutend erscheinen, so kann es eine absolute Freiheit nicht geben, weil es in der Welt keinen absoluten Zufall gibt.

Wenn wir uns unbewussten Gefühlen, Gewohnheiten, Leidenschaften hingeben, so ist dieses nur ein Beweis davon, dass die Seele zu denken selbst dann nicht aufhört, wenn wir uns des Gedankens auch nicht bewusst werden. Also von einer Freiheit des Willens ist hierbei keine Rede.

Der Begriff der Freiheit wird schon von Spinoza auf die unabänderliche Gesetzmässigkeit der Welt mit allen ihren Erscheinungen zurückgeführt; sie ist ihm „das selbstwillige Vollziehen des Weltbesten." Kein Mensch muss das Schlechte müssen! Da in der Welt Alles untereinander als Ursache und Wirkung verknüpft ist, so kann es eine absolute Freiheit nicht geben. Der Mensch ist sich zwar seiner Handlungen, nicht aber der sein Thun und Lassen erzeugenden Ursache bewusst, sondern er wird geleitet durch eine unbewusste Macht, durch ein „Weltprincip," welches man wohl „Gott" zu nennen pflegt. Wie wenig diese Weltseele gesetzlos oder willkürlich, also schlecht handeln kann, sondern nur nach festen Gesetzen, also unfrei wirksam sein muss, ebensowenig kann der normal, d. h. naturgesetzlich entwickelte Mensch schlecht handeln, sondern er wird nur in der Entartung die Schmach der Willkür und Unfreiheit auf sich nehmen.

Eine unbedingte Willensfreiheit besteht also deshalb nicht, weil auch der Wille unter dem Gesetze der Nothwendigkeit steht, welches stets Ursache und Wirkung verbindet.

Wir sind mit unserem Wollen nur die folgsamen Kinder der uns umgebenden und beeinflussenden Verhältnisse. Der augenblickliche Zustand des Geistes und die auf ihn wirkenden Beweggründe bestimmen den Willen. Der Geist überhaupt ist keineswegs absolut frei und selbstständig, weil er durch eine nothwendig gegliederte Kette von Ursachen bestimmt ist. Wenn er aber das Wahre in sich aufgenommen und lebhaft ergriffen hat, so handelt er gesetzmässig und ist thätig; wenn er das Unwahre aufnimmt, so ist er gesetzlos und leidend. Der Wille ist nun das Bestreben die eine der beiden Richtungen nachaussen geltend zu machen, er ist aber in keinem der beiden Fälle absolut frei, er ist vielmehr in letzter Instanz dem seinen Organismus beherrschenden Weltwillen unterworfen. Wir können aber im menschlichen Leben nur den wahrhaft frei nennen, welcher durch denkende Intelligenz sich den Vernunftgesetzen des Weltwillens · anschliesst, nicht den, welcher von der durch Naturgesetze eingeprägten Freiheit abweicht oder von ihr den rechten Gebrauch nicht macht, denn er verfällt in Irrthum, welcher die Unfreiheit und Lüge ist.

Der Begriff der Freiheit liegt in dem klaren Bewusstsein der inneren Nothwendigkeit, oder sie ist, wie Hegel sagt, „das Formelle am Vernünftigen.“ — Je mehr das Bewusstsein wächst, desto mehr die Freiheit, und es ist offenbar eine Steigerung des Weltprozesses, wenn der Geist sich erkennt, wenn er zum Selbstbewusstsein gelangt. Das Selbstbewusstsein entsteht nur aus der in der ganzen Natur hervortretenden Gesetzmässigkeit, welche uns überführt in das Gebiet des Denkens und des Verstandes. Sie bestehen in der Fähigkeit den logischen Zusammenhang von Ursache und Wirkung nicht blos subjektiv richtig zu erkennen, sondern auch objektiv zu befolgen und zur Erscheinung zu bringen.

7

Da der Weltäther logisch gesetzlich wirkt, so werden wir in Anerkennung der Thatsachen es verstehen, wenn ich sage: der Weltäther denkt unbewusst, der Weltäther ist der unbewusste Wille. Wir werden es aber demzufolge nicht verstehen, wenn bei Hegel das mit dem Nichts identische „reine Sein" den Ausgangspunkt der Logik bilden soll; denn das Nichts ist eben nichts und kann auch nicht denken, weder bewusst, noch unbewusst. Wenn wir aber das den Weltraum erfüllende angebliche Nichts, welches als Körper inderthat Nichts, wol aber als Stoff Etwas ist, nämlich den Weltäther, als den Ausgangspunkt betrachten, so haben wir inderthat eine konkrete Grundlage für das an unseren organischen Körper während seiner normalen Lebensfunktionen gefesselte logische Denken, da ja der Weltäther die durchaus logischen Gesetze der Körper- und somit auch der Seelenwelt diktirt. Unser ganzes organisches und psychisches Sein wird von derselben Kraft beherrscht, welche die Weltkörpersysteme zusammenhält.

Das ist vielfältig herausgefühlt worden, wenn man auch das Wesen des „Unbewussten" zu erkennen nicht vermocht hat. Carus hat in seinem Buche „Psyche und Physis" das Unbewusste in seinen Beziehungen zum Leiblichen untersucht. Auch Perty und Wundt suchen den Instinkt und die Sinneswahrnehmungen auf unbewusste geistige Prozesse zurückzuführen; desgleichen Helmholtz und Andere.

Herbart sagt: Es gibt „bewusstlose Vorstellungen, die im Bewusstsein sind, ohne dass man sich ihrer bewusst ist", ohne dass man dieselben „als die seinigen beobachtet und an das Ich anknüpft", d. h. ohne dass man dieselben mit dem Selbstbewusstsein in Verbindung bringt, so dass, wie schon bemerkt, ein wesentlicher Unterschied zwischen Bewusstsein und Selbstbewusstsein vorhanden ist.

Schelling sagt in einer allerdings etwas mystischen, aber jetzt für uns doch verständlicheren Weise, als er es selbst wol gedacht hat: „Dieses ewig (!) Unbewusste, was, gleichsam die Sonne im Reiche der Geister, durch sein eigenes ungetrübtes Licht sich verbirgt und, obgleich es nie Objekt (d. h. Körper) wird, doch allen freien Handlungen seine Identität aufdrückt, ist zugleich dasselbe für alle Intelligenzen, die unsichtbare Wurzel, wovon alle Intelligenzen nur die Potenzen sind, und das ewig vermittelnde des sich selbst bestimmenden Subjektiven in uns, des Objektiven oder Anschauenden, zugleich der Grund der Gesetzmässigkeit in der Freiheit und der Freiheit in der Gesetzmässigkeit.

Der edle wahre Freiheitssinn im Menschen verlangt, dass überall die Vernunft zur Geltung komme; wo also Vernunftgesetze regieren, da ist auch Freiheit und nur derjenige ist unfrei, welcher gegen die Vernunft handelt und ein Knecht der Leidenschaften oder solcher Triebe ist, welche Leiden schaffen. Ein Kampf gegen Naturgesetze ist ein Vernichtungskampf gegen uns selbst.

Die Gesetzmässigkeit in der Freiheit, welche das Wesen der Vernunft ist, tritt beim Menschen zunächst freilich nur als eine natürliche Anlage auf. Aber in sittlich entwickelten Naturen zeigt sich ein mit Zuversicht auftretendes Naturgesetz, grade wie ein mathematisch entwickelter Kopf alle mathematischen Wahrheiten als Bestandtheile ewig giltiger Gesetze gewissermassen als seine alten Freunde erkennt. Es ist Einem beim Auffinden einer Wahrheit, als habe man dasselbe schon früher einmal gedacht, als sei die Wahrheit nichts Neues.

Wir wissen bereits, dass das unbewusste Denken zeitlos ist, das bewusste aber ist an eine Zeitfolge gebunden, weil die Vorstellungen als die Grundlage des Denkens erst durch die

7*

in der Materie zeitlich sich fortpflanzenden Schwingungen er-
weckt und im Zentralorgane befestigt werden. Beim bewussten Denken finden Gehirnschwingungen von einer grösseren
Stärke statt, wesshalb die Bluteinfuhr zum Gehirne schneller
geschieht, als zu jedem anderen Organe, also auch ein lebhaf-
terer Stoffwechsel stattfindet und eine frühere Ermüdung eintritt. Das Gehirn bedarf zu einer neuen Thätigkeit der Ruhe
und der Nahrung. Leute mit sitzender Lebensweise und ohne
grosse körperliche Anstrengung behalten daher genug Kraft
zum Denken und gehören daher nicht selten zu den politischen
und religiösen Grüblern, Schwärmern und Brauseköpfen. Wie
durch das Turnen die Körperkraft gestärkt und gestählt wird,
so wird durch das bewusste Denken das Gehirn vervollkomm-
net und höher organisirt.

Hierbei ist nun weiter zu bemerken, dass das Endziel des
Weltprozesses nicht in der Entwickelung des Bewusstseins zum
Selbstbewusstsein liegt, indem diese Entwickelung nur als
Mittel dient; sondern es liegt in der Erlangung einer
absoluten Glückseligkeit, welche der Weltwille in den
Weltwesen zu erzielen sucht. Durch die Erkenntniss der in
der Natur mustergiltig dargestellten Naturgesetze und durch
klare Begriffe gewinnt unser Geist die Herrschaft über die
Leidenschaften oder Affekte, und dadurch wird wahres Glück
im Familien- und Völkerleben begründet. — Der Menschenwille ringt nach positivem Glücke, das Bewusstsein aber
tritt ihm feindlich entgegen und wenn er durch den Weltwillen vernichtet oder vielmehr in ihm aufgelöst ist, so tritt
dann der erreichbar beste Zustand, die Schmerzlosigkeit,
ein. Wenn freilich Leute durch betäubende und berauschende
Mittel sich in einen bewusstlosen Zustand versetzen und dabei im
höchsten Glücke zu schwärmen meinen, so könnte es fast schei-
nen, als ob die Bewusstlosigkeit die Bedingung für die

Glückseligkeit sei, aber dieses ist eine von den wirklichen Illusionen, von denen v. Hartmann in seinem Pessimismus eine allzugrosse Anzahl aufführt.

Wir sind hier fast unvermerkt auf ein Gebiet übergetreten, welches eines der dunkelsten in der ganzen Philosophie und Naturwissenschaft ist. Es ist die Frage, welche Rolle der Mensch, die ganze Menschheit in dem Entwickelungsprozesse der Welt zu übernehmen berufen ist.

Weit entfernt von der Anmassung, volle Wahrheit hineinbringen zu können, mag es immerhin gestattet sein, einige Streiflichter auf den Weltprozess und die Endziele der Menschheit zu werfen.

Der ganze Weltprozess (der materielle wie der geistige) ist ein logisch gesetzlicher und zugleich ein ununterbrochener, ein unendlicher. Ihm ist auch die ganze Menschheit ohne Gnade und Barmherzigkeit unterworfen. Auch Hegel anerkennt eine organisch-naturgesetzliche Entwickelung, wenn er sagt: „Die menschliche Geschichte ist eine Reihe zwingender Nothwendigkeiten".

Die Einheit in der Mannigfaltigkeit der Menschen liegt bei gesunden Naturen nur in der gleichen Bildsamkeit zu einer gemeinsamen geistigen Vollkommenheit, welche den Gesetzen der Vernunft, also Naturgesetzen, vollkommen entspricht. Je mehr ein Mensch von diesen Bestrebungen sich ausschliesst, um so mehr sondert er sich ab von der idealen Einheit, und geht für den Werth der Menschheit verloren. Das gilt ebensosehr von dem im Schlamme der Leidenschaften versunkenen Gesindel, als von den starren unbildsamen Naturen, wie den Reactionären und Orthodoxen, ohne dass wir sonst zwischen beiden Richtungen eine Parallele ziehen wollen. Die Phrase von der sozialen Gleichheit und der Gleichheit der Menschenrechte ist so lange noch eine verfrühte und sehr

gefährliche, als es leider heute noch, und lange noch an einer
inneren Berechtigung zu dieser Gleichheit fehlt und fehlen
wird. Jeder Mensch soll in der Gesellschaft nur so viel gelten,
als er nach seiner physischen und psychischen Kraft zu gelten
die Berechtigung hat. Jedes Mehr oder Weniger verstösst
gegen die ersten Grundsätze der Gerechtigkeit, auf deren Befolgung die Staatsgesetze als der Ausfluss der höchsten Moral
zu sehen haben. Der Weltprozess inbetreff der ganzen Menschheit ist also noch nicht sehr weit vorgeschritten.

Da wir wissen, dass die Erde nach ihrer Befreiung vom
Zentralkörper in einem glühend flüssigen Zustande war, wenn
wir die Erde jetzt mit einer wunderbar mannigfaltigen Organisation ausgestattet sehen, und da wir als vernunftbegabte
Menschen den Gedanken an jede plötzliche Wunderschöpfung
verworfen, vielmehr eine stufenweise, wenn auch äusserst lang-
same Entwickelung annehmen müssen; so werden wir gezwungen, an dem Gedanken einer natürlichen Urzeugung
für den Beginn des organischen Lebens festzuhalten. Die
Stoffe für die organischen Körper waren vonjeher vorhanden,
die organisirten und zusammengesetzten Stoffe entstanden nur
allmählig erst später. Unorganisirte Stoffe halten zufolge des
stabilen Gleichgewichtes ihrer Atome ihre Gestalt fest (Krystalle), unorganische können aber auch unter dem Einflusse
geeigneter Verhältnisse (Wasser, Licht, Wärme, Elektrizität)
eine organische und wechselnde Form annehmen und durch
den Stoffwechsel sich organisiren. Wie dort die Atome der
chemisch-indifferenten Stoffe durch den Weltäther in einem
stabilen Gleichgewichte erhalten werden, so gehen sie hier aus
einem stabilen Gleichgewichte fortwährend in ein anderes über,
was sich beim Organismus als vegetatives und als Seelenleben
äussert. Krystalle zeigen wie Pflanzen und Thiere gegen Licht,
Wärme, Elekrizität und Magnetismus ein ganz bestimmtes

Verhalten; alle zeigen nach geschehener Verletzung das Bestreben, verloren gegangene Theile wieder zu ersetzen, überall
greifen also dieselben gestaltenden Kräfte ein, welche ihren
Ausgangspunkt im Weltäther haben.*) Bildet und gestaltet
der Weltäther einen Körper, so legt er in ihn zugleich und
sofort das Gesetz seiner Organisation, die in ihren höheren
Stufen mit ihm in eine weniger oder mehr gesteigerte Wechselwirkung tritt. Ist letzteres der Fall, so ist der Körper nach
unserer Auffassung beseelt. Thales nahm freilich an, dass
auch schon der Magnet eine Seele besitze, welche sich in der
Anziehung und Abstossung todter Massen äussert und er hatte
inderthat insofern nicht unrecht, als es nach meiner Auffassung auch der Weltäther ist, welcher diese bisher uner-
klärten Erscheinungen hervorbringt. Je tiefer eingreifend
nun diese Wechselwirkung zwischen einem organisirten Leibe
und dem Weltäther ist, oder je reiner und kräftiger die Resonanz der Atome, desto entwickelter das Seelenleben, desto
mächtiger die Denkkraft, desto höher die Geistesstufe, desto
inniger die Harmonie zwischen Weltseele und
Menschengeist.

Wie schwierig es den Philosophen bisher geworden ist,
einen klaren Begriff von Geist aufzustellen, zeigt u. a. Hegel.
Auf die Frage: Was ist aber der Geist? antwortet er: „Er ist
das Eine, sich selbst gleiche Unendliche, die reine Identität,
welche zweitens sich von sich trennt als das Andere ihrer-
selbst, als das Fürsich- und Insichsein gegen das Allgemeine.“
(Hegel's Werke, Bd. 9, 3. Aufl. S. 393.) Der Leser mag daraus
sich selbst einen Vers machen.

Nach unserer Ansicht aber ist das Räthsel naturwissen-

---

*) S. Ph. Spiller: Die Entstehung der Welt und die Einheit
der Naturkräfte. Populäre Kosmogenie, Berlin 1870, Abschnitt 4.

schaftlich leicht zu lösen, wobei wir an den Ausspruch von
Laplace denken können, dass die einfachsten Wahrheiten immer
zuletzt aufgefunden werden.

Es besteht also in der ganzen Natur eine aufsteigende,
durch allmählige Entwickelung entstandene Stufenfolge. Von
der unorganisirten Materie geht es zu der einfachst organisirten, wobei die Organisation zunächst nur in einer Atom- und
Molekular-Anziehung besteht. Von der Krystallbildung, die
schon in den Urgebirgsmassen auftritt, geht es zur chemischen
Anziehung; dadurch entsteht als organische Ursubstanz das
Protoplasma; dann entstehen Moneren, die einfachen Zellen,
die einfachsten aus Zellen bestehenden Pflanzen- und Thier-
formen mit nach und nach aufsteigender Lebens-, Seelen- und
Denkkraft, welche im Menschen ihren Gipfelpunkt erreicht.
Ueberall aber ist nur ein gradweiser Unterschied, selbst zwischen Thier und Mensch, denn überall greift dieselbe gestaltende Kraft ein, und schon die Keimzelle ist durch den
Weltäther belebt und beseelt. Auch das Thier zeigt Hass und
Liebe, Kummer und Vergnügen, Schmerzgefühl und Wohlbe-
hagen, sowie Dankbarkeit; es macht Erfahrungen, es vergleicht,
folgert, schliesst und zeigt so Spuren des Denkens; es hat seine
Geberden- und Lautsprache, baut sich Wohnungen oft kunst-
reicher als die der Menschen, es erzieht seine Jungen, straft
oder liebt sie, es ist bildungsfähig, besonders im Umgange mit
Menschen, es hat nicht blos ein Familienleben, sondern bildet
auch Genossenschaften mit zumtheil vortrefflichen Einrich-
tungen. Genug! Es ist auch in psychischer Beziehung nur
ein gradweiser Unterschied zwischen Thier und Mensch.

Wie den chemischen, so liegen auch den morphologischen
Verhältnissen ganz bestimmte Zahlen- und Formverhältnisse
zugrunde, so dass es recht auffällig ist, wie in dem Gestaltungs-
triebe mathematisch-gesetzliche Verhältnisse massgebend sind.

Jetzt freilich liegen uns die natürlichen Bedingungen zu einer selbstständigen Entwickelung der Keimzellen nicht mehr nahe, wenn wir nicht etwa in der grauen schleimigen Masse auf dem Meeresboden die Anfänge für Organisation erkennen wollen, sondern die Keimzellen entstehen jetzt nicht mehr elternlos, sie besitzen aber schon die Anlage nicht blos zu den körperlichen, sondern sogar zu den psychischen Eigenschaften der Eltern.

Jede höhere Art geht durch natürliche Zeugung aus einer niederen hervor. Nur durch Summirung sehr vieler kleiner Schritte in sehr langen Zeiten entstehen grosse Formunterschiede; vortheilhafte, d. h. den allgemeinen Naturgesetzen mehr entsprechende Abweichungen bei der Zeugung werden hervorgerufen, festgehalten und erlangen durch natürliche Auslese bei der Begattung und durch Vererbung eine grössere Dauer. Es muss also schon im Eie selbst die Anlage zu einer höheren Entwickelungsfähigkeit angenommen werden, welche durch die des Mutterorganismus, auf welchen Nahrungsstoffe, Lebensweise und mannigfache Naturverhältnisse einwirken, bedingt wird.

v. Hartmann sagt mitrecht: „Der Organismus des Embryo, des Fötus, des Kindes u. s. w. hat in jedem Stadium seines Lebens genau so viel Seele als er für seine leibliche Erhaltung und Fortentwickelung braucht und als seine Bewusstseinsorgane zu fassen vermögen." Auch die Entwickelung der Seele schreitet organisch vorwärts, und ist dem Körper nicht durch einen persönlichen Schöpfer eingehaucht oder ist abhängig von einem ausserhalb der Naturkräfte stehenden sogenannten Lebensprinzipe.

Die Welt, jeder Weltkörper und jedes Wesen auf ihm ist jederzeit nur so vollkommen, als es nach allen natürlichen Verhältnissen nur irgend möglich ist. Daher ist der Ausspruch von Leibnitz, „dass die bestehende Welt die beste sei von allen möglichen" in seiner absoluten Fassung offenbar falsch; denn die Welt vonheute ist nicht die Welt vonmorgen. Die augenblicklich bestehende Welt in ihrer Gesammtheit ist nur grade für diesen Augenblick die beste. Jeder einzelne Weltkörper aber geht in seiner Entwickelung mit allen seinen Wesen einem Höhepunkt entgegen, über welchen hinauszugehen er nicht vermag. Wie eine Stufenfolge von den unorganisirten Stoffen bis zum Grashalm, von da bis zum Rinde, welches ihn verzehrt, weiter zum Menschen, welcher des Rindes Fleisch geniesst, stattfindet; wie ferner jeder einzelne Mensch die Stufen der nur für den Augenblick lebenden Kindheit, der schwärmerischen Jünglingszeit, des nach Besitz und Ruhm strebenden Mannes und endlich des müden, nach ewigem Frieden sich sehnenden Greisenalters durchlebt, so auch jedes einzelne Volk, so auch die ganze Menschheit, so endlich jeder Weltkörper. Wie aber die einzelnen Gebilde sich zu höherer Vollkommenheit entwickeln, altern, absterben und Stoffe zu höher entwickelten Wesen geben, so auch wird jeder einzelne Weltkörper solche Stufen der Entwickelung durchlaufen, um mit allen seinen Gebilden der Neugestaltung zu einer höheren Organisation zu dienen.*)

Wie allein durch die Gestaltungskraft unserer Weltseele, des Weltäthers, und nicht durch einen schaffenden persönlichen Gott aus jener feurigen Wolke unser Planetensystem, unsere Mutter-Erde mit der buntesten Mannigfaltigkeit der zahllosen Wesen sich entwickelte, so organisirte dieselbe Kraft unter lange andauernden Einwirkungen der vielgestaltigen Aussenwelt auch das wunderbar zusammengesetzte Menschen-

---

*) S. Ph. Spiller: die Entstehung der Welt und die Einheit der Naturkräfte. S. 503.

gehirn und machte es fähig, der Knotenpunkt zu sein für das seelische Bewusstsein, für die Vorstellungen, für das Selbstbewusstsein und den Verstand mit seinen durch die Weltseele ihm eingeprägten logischen Vernunftgesetzen, die im Geiste des Menschen überhaupt ihren Ausdruck finden.

Nach unserer Auffassung ist also der menschliche Geist die durch unsere bekannte Weltseele in unserem von ihr selbst wunderbar organisirten Gehirne hervorgebrachte Uebereinstimmung oder Harmonie in den Gesetzen der Wirksamkeit beider.

Die Logik der Weltgesetze ist auch die Logik des denkenden Gehirns oder des Geistes, welcher sich eben durch die Befolgung der Denkgesetze offenbart.*) Die menschliche Vernunft ist daher die gesetzlich geordnete Selbstbestimmung bei der logischen Verbindung von Urtheilen. Wegen der Einheit des geistigen Wesens der Menschheit muss endlich einmal die Zeit kommen, in welcher auch das religiöse Bewusstsein aller Menschen auf der gleichen Grundlage der durch die Vernunft gebotenen Wahrheit beruhen wird. Dann sind die Bedingun-

---

*) Es ist z. B. einerseits mathematisch bewiesen, dass die Kugeloberflächen zunehmen, wie die Quadratzahlen ihrer Strahlen und andererseits hat die beobachtende Astronomie nachgewiesen, dass die Gravitationskraft abnimmt wie die Quadratzahlen der Entfernung vom Mittelpunkte der Anziehung wachsen. Der Weltäther wirkt inderthat mathematisch-gesetzlich. Plato sagt in seinem Werke von der Republik (VII), dass in der Geometrie, also im mathematischen Denken, die Erkenntniss des Ewigen liege:

„Τοῦ γὰρ ἀεὶ ὄντος ἡ γεομετρικὴ γνῶσις ἐστίν.“

So bewährt sich auch das von Ohm durch Abstraktion aufgefundene mathematische Gesetz inbetreff der sogenannten elektrischen Ströme praktisch in allen Fällen. Und so zeigt es sich in allen Fällen, dass Naturgesetze auch Vernunftgesetze sind.

gen für eine Universalreligion gegeben, welcher kein
vernünftiger Mensch sich wird entziehen können.

Nun aber müssen wir endlich noch an die Beantwortung
der hochwichtigen Frage treten: Welche Zukunft hat der
Mensch, das ganze Menschengeschlecht, in dem Weltprozesse?

## Das ewige Leben,
### die Unsterblichkeit.

> „Bei Nacht ward die Unsterblichkeit ersonnen,
> Denn sehend blind sind wir im Licht der Sonnen."
> **H. W. Schlegel.**

Es geht durch die Religionen fast aller Völker der Vor-
zeit der von ihren Priestern genährte Glaube an eine Seelen-
wanderung d. h. die Meinung, dass unser Seelenleben übertragen werde auf ein anderes Lebewesen. Bei den Juden und
Egyptern waren die Vorstellungen noch sehr roh, bei den
Pythagoräern nahmen sie schon einen höheren Aufschwung,
aber dem Christenthume war es vorbehalten sie in den plump-
sten Materialismus zurückzuführen. Wer nicht für einen
Ketzer gehalten werden will, der muss an eine „Auferstehung
des Fleisches" glauben. Das ist eine der tollsten Ideen, die
je aus einem Menschengehirn entsprungen sind. Ein normal
organisirter Mensch erkennt sofort das Sinnlose des Dogmas.
Darüber also hier kein Wort.*) Schleiermacher hält die persönliche Unsterblichkeit sogar im weiteren Sinne geradezu
für irreligiös.

Sollen wir aber meinen, dass all unser geistiges Ringen,
dass unser Kämpfen und Dulden für die Wahrheit während

---

*) Eine naturwissenschaftliche Abfertigung dieser
Pfaffenweisheit findet sich in meiner Schrift: Drei Lebensfragen
für Staat, Schule und Kirche. Berlin 1871. S. 50.

unseres Körperlebens mit dem Aufhören des letzteren absolut
verschwinden werde? Sollen wir dem allgemeinen Gefühls-
drange nach einem „künftigen Leben" gar keine Berechtigung
beilegen, ihm gar keine Aussicht auf Befriedigung verheissen
dürfen? Eine verneinende Antwort erscheint uns trostlos.
Sie würde unser ganzes Dasein als etwas durchaus Unfrucht-
bares erscheinen lassen und jedes edlere Bestreben im Keime
unterdrücken.

Es steht fest, dass alle Vorstellungen nur durch die Sinne
zur Geltung gelangen, und dass der Mensch ohne deren Be-
nutzung ein reinvegetatives Wesen ist, wie es sich u. a. in den
Zuständen der Ohnmacht, des Schlafes überhaupt, des Winter-
schlafes insbesondere, des Starrkrampfes und Scheintodes
zeigt. Es muss auch zugegeben werden, dass die Seele ein
Ergebniss der Organisation des Stoffes ist, welche in den
Nerven und im Gehirne den höchsten Grad der Vollkommenheit erreicht.

Loke sagt demgemäss ganz richtig: „durch äussere Eindrücke und Erfahrungen gelangen wir zur Erkenntniss". Wenn
er aber hinzufügt: „Es gibt nichts in unserem Verstande,
was nicht vorher in den Sinnen wäre"; so leugnet er in auf-
fallender Weise das abstrakte Denken; und wenn er
schliesslich sagt: „Wie kann die Seele fortleben ohne den
Leib, da sie mit ihm und durch ihn sich entwickelt hat?"
und fortfährt: „die Sinne sind die Eingangspforten für sie gewesen; wird sie mit denselben vergehen?" so stellt er sich auf
einen zu grellen Materialismus im gewöhnlichen Sinne, weil er
eben die Kraft nicht kennt, welche in wirklichkeit den Organismus beseelte. Diese Kraft liegt nämlich nicht in den zur Organisation des Leibes dienenden Stoffatomen selbst: der Leib
organisirt sich nicht selbst, seine Stoffatome sind nicht
Automaten mit selbständigen Kraftquellen (die Kraft erzeugt

sich nicht selbst); sondern er wird organisirt durch eine ausserhalb seiner Atome vorhandene Kraft. Ich kann das von mir verfasste Buch verbrennen, nicht aber den Geist, der es mir diktirte.

Auch bei Cabanis (geb. 1757) kann von einer Unsterblichkeit keine Rede sein, wenn er nach seinem Ausspruche: *Les nerfs voilà tout l'homme* (die Nerven sind der ganze Mensch) den Menschen, d. h. hier die Menschenseele mit den Nerven auf gleiche Stufe stellte.

Bei Parmenides aus Elea (geb. 520 v. Chr.) tritt eine tiefere Einsicht hervor: „das was in uns denkt ist eines mit der Organisation (mit dem Organisator) des Ganzen", also nicht blos des Menschen.

Bei Anaximander (geb. 610 v. Chr.) tritt dieser Gedanke in einer mehr materiell gefärbten Weise auf, wenn er sagt:

Woraus das Seiende seinen Ursprung hat, dahin muss es nothwendig seinen Untergang haben."

Diderot steht wesentlich auf keinem höheren Standpunkte mit den Aussprüchen: „Die Materie ist beseelt", „der Stoff denkt".

Es kann aber durchaus nicht zugegeben werden, dass mit der Desorganisation des organisirten Körpers, d. h. mit dem Tode des Körpers, die Seele auch stirbt. denn sie ist gleichbedeutend mit der Urkraft im Weltalle, welche den Stoff organisirt hat. Diese Urkraft ist unerschaffen und unvertilgbar, sie ist ewig. Beim Sterben verlieren wir zwar unser persönliches Bewusstsein, weil die äussere Form, in welche es während des physischen Lebens vorübergehend gekleidet war, zerfällt; aber wir leben fort, weil weder der Stoff selbst, noch die ihm eigenthümliche Kraft, welche den Körper organisirte und belebte, je stirbt oder überhaupt sterben kann. Wir leben zunächst fort in unseren Kindern und Mitmenschen, in unseren Thaten und Gedanken in der Menschheit und in der Natur. „Wo sind die Todten? Bei uns selbst! Trotz Tod und Verwesung sind wir noch beisammen.“ (Schopenhauer.)

Von den Anschauungen eines reinen Materialismus unterscheidet sich schon die Lehre des Buddhaismus recht vortheilhaft. Nach ihr ist das Sterben ein Auflösen in das Nirvana oder das ruhende Leere, welches nach unserer Auffassung die Weltseele, der Weltäther, ist. — Auch der spätere Brahmanismus macht die Ewigkeit des Stoffes und das Nirvana (dieses Nichts in körperlicher, nicht aber in materieller Beziehung) zum Prinzipe. — Auch der 2600 Jahre v. Chr. lebende Chinese Lao-tse hatte viel edlere Anschauungen, als sie unsere heutigen professionellen Theologen besitzen. Er sagt im 52. Kapitel seines Werkes *Táo-tê king* (Lehre vom höchsten Wesen:

„Die Erdenwelt hat einen Anfang gehabt; es muss daher ein Wesen (*Táo*) geben, das sie geschaffen hat, oder bildlich (!) eine Mutter, die sie geboren hat. Wenn wir nun die Mutter der Erdenwelt gefunden haben, wenn wir so von ihr wissen, so erkennen wir dadurch, dass wir ihre Kinder sind, und wenn wir wissen, dass wir ihre Kinder sind, so begeben wir uns ja nur (wenn wir sterben) in den Schutz dieser Mutter zurück. Ob dann auch der Leib vergehe, wir haben nichts zu fürchten. Nicht ist das Verlassen des Körpers für uns ein Unglück, sondern inwahrheit wird es heissen: wir haben das ewige Leben empfangen.“

Nun aber ist es von Interesse zu wissen, was Lao-tse unter *Táo* versteht. Er sagt im 34. Kapitel:

„Weithin verbreitet sich das erhabene *Táo* aus nach links wie nach rechts (d. h. es ist unendlich); alles was da ist, besteht nur durch dasselbe, alles was da lebt, lebt durch das *Táo*, und alles was wir wünschen erhalten wir durch das *Tao*. Es hat Alles wol eingerichtet, doch hat es keinen Namen (weil es kein begränztes Einzelwesen, kein Körper ist). Es liebt alle Wesen und sorgt für sie alle, aber es will nicht ihr Herr und Gebieter sein. Es ist ewig und hat kein irdisches Verlangen. Man kann es daher einfach nennen."

Wer möchte wol in diesen Eigenschaften und in dieser Wirkungsweise des *Tao* nicht unseren Weltäther wiedererkennen. Dass er es ist ergibt sich auch aus anderen Stellen, denn Lao-tse unterscheidet ausdrücklich eine schaffende Naturkraft und das Geschaffene, indem er sagt:

„Das eine unnennbare *Tao* ist der Schöpfer Himmels und der Erde, das andere dagegen, welches man für Jeden verständlich bezeichnen kann, ist die fortundfort schaffende Kraft der Natur, die Natur selbst, bildlich (!) die Mutter des Seienden. Nur der, welcher von Leidenschaften ganz frei ist, wird imstande sein, das höchste geistige Wesen zu erfassen; der dagegen, dessen Seele beständig von Leidenschaften getrübt wird, sieht nur das Endliche, die Schöpfung."

Inbetreff einer persönlichen Fortdauer spricht Lao-tse sich schon im 19. Kapitel aus, indem er sagt:

„Wer sein Ich nicht verliert, dauert fort; er stirbt, aber er vergeht nicht, er hat das ewige Leben."

Wir sehen daraus nicht ohne gewisse Beschämung, dass diese, wenn auch nicht mit voller Klarheit entwickelten Lehren viel edler sind, als die, welche uns das Christenthum mit seiner plumpen Vorstellung von der Auferstehung des Fleisches darbietet.

Es wird nicht ohne Interesse sein, wenn ich hier auch einige Kernsprüche Buddhas, welcher um das Jahr 477 v. Chr. starb, anführe:

„Der Mann, der frei ist von Leichtgläubigkeit, aber das

Unerschaffene (!) kennt, der alle Bande zerschnitten, alle Versuchungen abgewiesen, allen Wünschen entsagt hat, der ist der grösste der Menschen."

„Wer da weiss, dass dieser Leib gleich ist Schaum, wer gelernt hat, dass er unwirklich ist, der wird den Pfeil Mâras (Verführer) zerbrechen und nimmermehr schauen den König des Todes."

„Alles, was wir sind, ist das Ergebniss dessen, was wir gedacht haben, es ist begründet auf unsere Gedanken, es ist bereitet aus unseren Gedanken."

„Die Ueberlegung ist der Pfad der Unsterblichkeit Gedankenlosigkeit ist der Pfad des Todes. Wer überlegt, stirbt nicht, der Gedankenlose ist als wäre er bereits todt."

„Ein Bettler (Bhikshu), der seine Lust hat am Denken, der mit Furcht schaut auf die Gedankenlosigkeit, wird nicht in Vernichtung gehen, er ist nahe dem Nirvâna" (d. h. dem Erlöschen in der begierdelosen Seeligkeit des Nichts).

Dieses Nichts ist wol der Weltäther. Eine noch deutlichere Hinweisung auf ihn liegt in dem Spruche 92—93:

„Die, welche keine Schätze haben, deren Leidenschaften beschwichtigt sind, die nicht in Genüssen sich verlieren, die das Leere, das Unbedingte, das Absolute erkannt haben, — ihr Pfad ist schwer zu verstehen, gleich dem der Vögel in der Luft."

Aber auch noch so manche andere Heiden, auch Juden, und sogar eine Menge als Christen getaufte Menschenkinder haben sich zufolge einer besseren Gehirnentwickelung einen klaren Verstand erworben und die Freiheit des Denkens sich nicht nehmen lassen.

Schon Plato setzt im Timaeus III. die Unsterblichkeit der Seele in die Erkenntniss der Wahrheit. Offenbar liegt darin eine individuelle Fortdauer nicht ausgedrückt, sondern die Unsterblichkeit wird in die Uebereinstimmung mit den in der Wahrheit gipfelnden Vernunftgesetzen gelegt, welche Weltgesetze sind.

Aristoteles theilt dem unsterblichen Theile der Seele (νοῦς ποιητικός) ein Gedächtniss nicht zu, auch nicht Liebe und Hass, also durchaus nichts Persönliches.

Spinoza sagt: „Der menschliche Geist kann mit dem Körper nicht absolut vernichtet werden, sondern es bleibt von ihm etwas übrig was ewig ist." Die einfachen Seelenbewegungen sind freilich an die Dauer des organischen Lebens gebunden, nicht aber der organisirende Geist.

Es ist wol kaum noch nöthig anzuführen, dass auch andere hervorragende Philosophen wie C. Schelling, Fichte, Hegel, Schopenhauer, eine individuelle Fortdauer der Seele nicht annehmen.

Wie die Orthodoxie noch krampfhaft festhält an der Persönlichkeit Gottes, so auch an einer persönlichen Fortdauer des sogenannten „Ebenbildes" von Gott, eines jeden einzelnen Menschen, und sie weiset ihnen je nach ihren Verdiensten verschiedene Aufenthaltsorte an: die Hölle, das Fegefeuer, den Himmel. Ja es gibt sogar Fabriken, in denen „Heilige" gemacht werden, die man in seinem Wahnwitze noch zu selbstsüchtigen Zwecken benutzen zu können meint, wenn man selbst zu träge ist, als dass man durch eigene Kraft ein gewisses Ziel erreichen könnte.

> „Doch Heilige gibt es, die aus Gluth
> Losbeten den Sünder, durch Spenden
> An Kirch' und Seelenmessen wird
> Erworben ein hohes Verwenden."
>
> Heinrich Heine.

Es ist aber gerade ein ungeheurer Kulturfortschritt, wenn der selbstgefällige Egoismus, der in der Hoffnung auf eine persönliche Fortdauer sich abspiegelt, gebrochen und die

Selbstverleugnung so weit geführt wird, dass Jeder nur
für das geistige Wohl seiner Mitmenschen und der künftigen
Geschlechter je nach seinen Kräften und seiner Stellung ar-
beitet. Man kann es mit vollem Rechte behaupten, dass aller
Fortschritt in der Menschheit wesentlich von dem Aufgeben der Selbstsucht und von der vollen Hingabe an die
Entwickelung des Ganzen abhängt. Durch die Selbstsucht
isolirt sich auch der Einzelne. Käme sie in der Menschheit
zu einer allgemeinen Geltung, so würde sie aus indifferenten
Atomen bestehen, die nur dem Gesetze der Gravitation, also
der Herrschaft des Mächtigsten sklavisch folgen und eine einheitliche Gemeinschaft mit Selbstbestimmung nicht eingehen
würden. Das traurigste Beispiel von Selbstsucht bieten jetzt
wol die sogenannten Kirchenfürsten, an ihrer Spitze der Papst
dar. Doch hoffen wir mit Schiller, welcher sagt: „Die selbstsüchtigen Zwecke des Einzelnen schlagen bewusstlos zur Voll-
führung des Guten aus."

Jeder Einzelne in der menschlichen Gesellschaft, er mag
je nach seinen Fähigkeiten und Leistungen eine Stellung
niedrig oder hoch einnehmen, muss sich vielmehr als erhalten-
des und opferwilliges Glied des Ganzen fühlen und seine Stellung nach besten Kräften auszufüllen suchen. Ist es anders,
so ist weder das Glück des Einzelnen, noch der Fortschritt des
Ganzen möglich.

Leider ist diese Moral zurzeit noch sehr wenig zu einem
Volksbewusstsein geworden. Die heutige Sozialdemokratie
ist eine schmachvolle Missgeburt eines an sich guten auf die
Menschenrechte gegründeten Gedankens; aber es fehlt den
grossen Massen noch das rechte Bewusstsein der Menschenpflicht, weil sie grossgezogen worden sind im Schatten or-
thodoxer Gedankenlosigkeit, welche die Kirchen im Volke mit
blinder Energie festzuhalten streben.

8*

Es ist klar, dass mit dem Aufhören des lebendigen Wechselspieles der Stoffatome in unserem Körper, d. h. mit dem Aufhören der organischen Thätigkeit im Körper oder mit dem Tode, auch das ihm inwohnende besondere oder individuelle Seelenleben aufhört; es ist die Resonanz der Stoffatome des organisirten Körpers für die Weltätherschwingungen mit der Rückkehr jener ins stabile Gleichgewicht verschwunden und die früheren Schwingungen der Gehirnatome verklingen und verschwimmen in der unendlichen Weltseele. Also auch an geistig persönliches Fortleben ist nicht zu denken, wol aber an ein harmonisches gleichmässiges aller hochentwickelten Geister, welche sich mit den ewig wahren Weltgesetzen in Uebereinstimmung befinden. Grade also das Aufgeben des selbstsüchtigen Egoismus bietet uns eine Hoffnung für die Zukunft eines mehr und mehr zur Vollkommenheit gesteigerten Weltprozesses. Je mehr wir mit den wechselnden Erscheinungen der Aussenwelt im weitesten Sinne des Wortes in Verbindung treten, je mehr wir uns bestreben das Gesetzmässige in ihnen zu erforschen und zu unserem geistigen Eigenthume zu machen, desto höher wird unsere Organisation nach Körper, Seele und Geist werden, desto grösser wird die Uebereinstimmung unserer Seele mit der Weltseele werden und desto eher werden wir das ewige Leben erlangen. Bei cynischer Abgeschlossenheit verthiert der Mensch trotz Rosenkranzgebet. Weil der Geist sich nur entwickelt im lebhaften Verkehre mit der Aussenwelt und um so schneller und besser, je mannigfaltiger sie ist (man vergleiche nur die turanische oder tatarische Rasse mit der arischen); so ist es eine Sünde gegen die Menschheit einen Menschen durch besondere Vorkehrungen gleichgiltig zu machen gegen alles was wirklich ist; selbst das gegenstandlose reine Denken führt auf Abwege, auf Unwahres, denn das Seiende ist wahr durch sich

selbst. Der Kunst freilich ist das reine Denken fremd, denn
sie erhebt nur das Sinnliche bis zur schönsten Form, sie ist
der Ausfluss eines reinformellen, geistig unbewussten Gestal-
tungstriebes. Daher sind Kunstanlagen und Leistungen oft
schon im jugendlichen Alter, dem noch die geistige Entwickelung fehlt, vorhanden und erkennbar.

Hat sich aber unser Geist im lebhaftesten Verkehre mit
der Natur denkend entwickelt, so tritt Seeligkeit ein, d. h.
die Empfindung oder vielmehr das Bewusstsein der Uebereinstimmung unseres Denkens und Handelns mit den Natur-Vernunftgesetzen. Sie wird nach v. Hartmann erreicht, „wenn
man die Zwecke des Unbewussten zu Zwecken seines Bewusstseins macht."

Das heisst jetzt nach unserer Auffassung: wenn unser
Sein sich in voller Uebereinstimmung befindet mit dem durch
unsere Weltseele, den Weltäther, vorgezeichneten Vernunftgesetzen; dann ist unser Geist inwahrheit ein Ausfluss oder
ein Theil des Gottesgeistes. Der Weltgeist erscheint uns
dann in der sinnlichen Gestalt des durch ihn für die Erkenntniss der Wahrheit vollkommen organisirten Menschengehirns:
der Mensch ist dann ein Ebenbild Gottes, es ist in ihm
Gottesbewusstsein, Seeligkeit.*)

Ist aber in uns das Gefühl der Uebereinstimmung mit den
Gesetzen des Daseins oder ist Freude nicht vorhanden, so

---

*) Wenn wir nach unseren Darstellungen den Weltäther als
die Weltseele ansehen müssen, so würde diese neue Anschauungs-
weise, welche man vielleicht Aetherismus nennen könnte, der
reinste Monotheismus sein, aber ohne Beigabe jeder persönlichen Selbstbestimmung und Laune, zugleich aber mit Verwerfung
des bisherigen Materialismus, welcher ein Pantheismus ohne
innere Wahrheit ist. Der Aetherismus scheint mir diejenige
Gottesidee zu sein, welche allein eine Zukunft hat.

tritt Traurigkeit ein und wir werden des ewigen Lebens nicht theilhaftig, wenn nicht etwa noch rechtzeitig Reue und Demuth eintreten, welche keine Tugenden, sondern nur Ausflüsse der Erkenntniss des unangemessenen und gesetzwidrigen Verhaltens gegen die Vernunftgesetze sind. Die wahre Tugend ist nämlich die Bestimmtheit des Handelns durch Einsicht und Vernunft, also in nothwendiger Uebereinstimmung mit den nothwendigen Gesetzen der Natur, welche zwar Allen zugänglich, aber nicht für Alle leicht erkennbar sind.

# Schlusswort.

Wollen wir die durch unsere gedrängte Untersuchung erlangten Kenntnisse zu einem kurzen Bekenntnisse zusammenfassen, so würde es heissen:

Gott ist eine nach dem Raume unendliche, nach der Zeit ewige (d. h. unerschaffene und unvertilgbare) stoffliche Substanz, nämlich der Weltäther.

Er ist inderthat die Weltseele, indem er seiner Natur nach die im Weltraume schwebenden Stoffatome nach bestimmten Gesetzen zu Körpern gestaltet, ihnen gesetzmässige Bewegungen ertheilt, mit ihren Atomen zumtheil in so innige Wechselwirkung tritt, dass er sie nicht nur organisirt, sondern auch beseelt und sie dann, wenn auch für jedes Einzelnwesen nur vorübergehend, befähigt, an dem Weltprozesse lebendig theilzunehmen.

Unser Gott besitzt also wirklich die Eigenschaften, welche ihm in den besseren Religionsbekenntnissen beigelegt werden: er ist ein Geist insoferne er ein Körper nicht ist; er ist allgegenwärtig, denn er nimmt den unendlichen Weltraum ein, er durchdringt alle Körper und umgibt jedes Körperatom in dem unendlichen Weltraume; er ist allmächtig, denn kein Atom kann sich seiner Wirksamkeit entziehen; er ist der Schöpfer des Himmels (d. h. der Himmels- oder Weltkörper) und der Erde mit allen ihren Wesen; er hat also auch uns Menschen geschaffen und beseelt, denn er hat die Stoffe

dazu organisirt und ist mit ihnen in lebendige Wechselwirkung getreten; er ist in diesem Sinne auch der Erhalter
und Ernährer seiner Geschöpfe, die wesentlich Produzenten
(Pflanzen) und Konsumenten (Thiere) sind; er regiert die
ganze Welt mit sich gleichbleibender Kraft nach unveränder-
lichen Vernunftgesetzen von Ewigkeit zu Ewigkeit, weil er
unendlich und ewig ist; er ist allweise, denn er wirkt nur
nach strengen Vernunftgesetzen; er ist gerecht, weil er von
diesen Gesetzen niemals abweicht und nur diejenigen bestraft,
welche gegen die von ihm diktirten Vernunftgesetze handeln;
er irrt niemals (und ist daher allein unfehlbar), weil er
ohne Selbstbewusstsein und ohne vorgesetzten Zweck
nur jene Vernunftgesetze zur Geltung bringt. (Spinoza tritt
den Zweckbegriffen in der Natur entgegen, indem er meint,
dass die Vertheidiger desselben auf die Unwissenheit, welche
ein Beweismittel nicht kennt, sich berufen.)

Der geweihte „Kirchhof" zur Bestattung der Leichen ist
der Orthodoxie allein der „Gottesacker", als ob Gott nur allein
unter ihrer Aegide dort eine Aussaat für eine spätere
Erndte mache. Für mich ist die Mutter-Erde überall ein ge-
weihter Gottesacker, obwohl ich Kirchhöfe, wenn sie nicht
durch religiösen Fanatismus entweiht werden, so lange noch
als die angemessenen Grabstätten ansehe, als sich gegen das
Verbrennen der Leichname das Vorurtheil noch sträubt.

Ich hoffe dass es, falls ich auf meinem Todtenbette unzu-
rechnungsfähig werden sollte (d. h. wenn meine irdischen Stoffatome nur noch leisen Nachwirkungen der Weltseele folgten,
ohne eine lebendige Wechselwirkung mit ihr zu unterhalten),
kein Pfaffe wagen wird, aus mir noch einen blindgläubigen
Konfessionsketzer machen zu wollen. Ich werde schon
ohne Spediteur dahin kommen, wohin ich gehöre.